SIMONE ARROJO

# DESTRAVANDO SEU FUTURO

DESCUBRA A FONTE DE CURA
INFINITA DENTRO DE VOCÊ

**Diretora**
Rosely Boschini

**Gerente Editorial Sênior**
Rosângela de Araujo Pinheiro Barbosa

**Editoras**
Carolina Forin
Juliana Fortunato

**Assistente Editorial**
Camila Gabarrão

**Produção Gráfica**
Leandro Kulaif

**Preparação**
Andresa Vidal Vilchenski

**Capa**
Vanessa Lima

**Projeto gráfico**
Márcia Matos

**Diagramação**
Renata Zucchini

**Revisão**
Bruna Fontes
Bianca Maria Moreira

**Impressão**
Santa Marta

CARO(A) LEITOR(A),
Queremos saber sua opinião sobre nossos livros. Após a leitura, siga-nos no linkedin.com/company/editora-gente, no TikTok @editoragente e no Instagram @editoragente e visite-nos no site www.editoragente.com.br. Cadastre-se e contribua com sugestões, críticas ou elogios.

Copyright © 2025 by Simone Arrojo
Todos os direitos desta edição são reservados à Editora Gente.
R. Dep. Lacerda Franco, 300 – Pinheiros
São Paulo/SP – CEP 05418-000
Telefone: (11) 3670-2500
Site: www.editoragente.com.br
E-mail: gente@editoragente.com.br

Dados Internacionais de Catalogação na Publicação (CIP)
Angélica Ilacqua CRB-8/7057

Arrojo, Simone
   Destravando seu futuro: descubra a fonte de cura infinita dentro de você / Simone Arrojo. - São Paulo : Editora Gente, 2025.
   192 p.

ISBN 978-65-5544-522-0

1. Autoajuda I. Título

24-3434                                                                 CDD 158.1

Índices para catálogo sistemático:
1. Autoajuda

Este livro foi impresso pela Gráfica Santa Marta
em papel pólen bold 70 g/m² em março de 2025.

# NOTA DA PUBLISHER

Em nossa vida moderna, frequentemente acumulamos um peso emocional e mental que pode nos sobrecarregar. Emoções reprimidas, medos, segredos e traumas criam uma barreira que nos impede de alcançar nosso verdadeiro potencial. Neste livro, vamos entender a necessidade urgente de liberar essas cargas para permitir uma vida mais saudável e plena.

Simone Arrojo, com sua experiência profunda em constelação familiar, autoconhecimento e espiritualidade, oferece uma visão clara e prática de como lidar com essas questões internas. Com uma trajetória marcada pela busca do entendimento e da cura interior, ela compartilha suas próprias experiências e os sinais que a vida lhe apresentou para guiá-la de volta ao amor e à expansão da consciência. Sua abordagem é tanto pedagógica quanto inspiradora, ajudando os leitores a reconhecer e interpretar os sinais em suas próprias jornadas.

Neste livro, você encontrará ferramentas poderosas para libertar-se das amarras emocionais e mentais que o aprisionam. Com *insights* profundos e práticas transformadoras, você será guiado a encontrar a sua verdadeira essência e a viver uma vida cheia de amor, prosperidade e alegria. Ao abraçar a grandeza que reside em seu interior, você aprenderá a criar uma realidade alinhada com seus desejos mais profundos e a viver em harmonia com o universo.

Prepare-se para iniciar uma jornada de autodescoberta e libertação. Este livro é um convite para explorar seu mundo interior, liberando crenças limitantes e padrões de comportamento que o impedem de alcançar seu pleno potencial. Não perca a oportunidade de descobrir o poder que reside dentro de você. Comece agora e desperte para a grandeza que você é capaz de alcançar.

Boa leitura!

Rosely Boschini – CEO e Publisher da Editora Gente

# DEDICATÓRIA

*Dedico este livro àqueles que sabem a importância do caminho em direção à evolução com consciência.*

*Àqueles que já sabem que o mundo lá fora só existe porque, de alguma forma, temos participação no que está acontecendo.*

*Àqueles que querem crescer e se responsabilizar com ordem, amor e alegria pelas atitudes de hoje. Só existe o hoje, então, que possamos viver com pureza de coração.*

*Nossa alma sabe tudo e enxerga tudo. Existe um lugar, a raiz, a fonte de tudo, e lá estão todas a respostas.*

# AGRADECIMENTOS

Em primeiro lugar, quero agradecer ao Roberto Shinyashiki, que foi um grande mentor e incentivador do meu crescimento profissional. O trabalho dele tem ajudado milhares de pessoas a se curarem por meio dos livros, das atitudes ousadas e da competência profissional que ele nos entrega. Por ele, conheci Rosely Boschini, mulher e profissional de valores tão elevados que literalmente fazem eu me curvar ao seu brilho e conhecimento na área editorial.

Agradeço a grande virada da minha vida, que veio por meio do curso de Constelação Familiar com meu mestre Renato Shaan.

Essa virada me incentivou a ir até a Alemanha para conhecer Bert Hellinger e Sophie Hellinger, a esposa dele. Conviver com eles nessa última década me trouxe amadurecimento e crescimento imensos para a minha alma e para a minha vida prática do dia a dia.

Agradeço aos meus pais, Nelsy e Sebastião, pela vida e por toda a minha árvore genealógica, que me deu a força para que eu estivesse aqui hoje, feliz.

Agradeço ao plano espiritual, principalmente à Índia e aos meus mestres que moram nesse lar etérico, um país que me transformou. Com as técnicas que aprendi lá, posso ir adiante com as minhas experiências espirituais.

Agradeço a todos os amigos e aos relacionamentos que me ajudaram e me incentivaram sempre.

Aos meus clientes, vocês são a oportunidade do meu SER VIR. Gratidão!

# COMO USAR ESTE LIVRO

Frases sistêmicas

Este livro pode funcionar como um oráculo de consciência e cura. Em cada página, você encontrará frases sistêmicas únicas que colocam consciência e ordem na sua vida. São frases curtas, porém com um efeito real e prático dentro de você, em primeiro lugar.

Se a cura começa dentro de você, essas frases são expressões da sua alma para si mesmo e para o outro.

Você pode fazer perguntas como:

- Que frase eu preciso receber para esta minha questão?
- O que eu preciso resolver na raiz desta questão que vivo hoje?
- O que eu preciso ouvir da pessoa com a qual eu estou em conflito?

Depois de fazer a pergunta, abra o livro e sinta a resposta no seu coração. Sempre aparecerá uma frase útil, que se encaixa como solução de algum emaranhamento – que pode, inclusive, ser a raiz da sua questão atual.

Por exemplo: a sua questão tem a ver com o seu casamento. A frase exibida no oráculo é: "Mamãe, agora posso amar o meu pai livremente". Esta frase cura a relação com pais, para que o seu relacionamento fique liberado.

Se conecte com a pergunta essencial e terá uma resposta essencial.

# SUMÁRIO

| | |
|---|---|
| 12 | APRESENTAÇÃO |
| 14 | INTRODUÇÃO: Um novo caminho se abre |
| 28 | CAPÍTULO 1: Entre o passado e o presente; o sofrimento e a evolução |
| 46 | CAPÍTULO 2: Assuma a grandiosidade de ser quem você é: a sua centelha divina |
| 60 | CAPÍTULO 3: Desperte o seu eu real! |
| 74 | CAPÍTULO 4: As ordens que regem a vida |
| 88 | CAPÍTULO 5: Desemaranhar-se: saúde e finanças |
| 104 | CAPÍTULO 6: Desemaranhar-se: relacionamentos familiares e afetivos |
| 122 | CAPÍTULO 7: Aceite, agradeça e se despeça |
| 138 | CAPÍTULO 8: Mudar para evoluir |
| 150 | CAPÍTULO 9: Use a tecnologia espiritual a seu favor |
| 164 | CAPÍTULO 10: Entre na onda divina. O universo carrega você |
| 186 | CAPÍTULO 11: Você é a fonte! |

# APRESENTAÇÃO

Namastê, em sânscrito, significa: "O Deus que habita em mim, saúda o Deus que habita em você".[1] Portanto, *namastê*! Saiba que eu honro o lugar em você que é de *amor, verdade, luz* e *paz*.

Eu vejo você!

Eu vejo os seus pais em você.

Eu me curvo a toda a sua história e à história dos seus antepassados.

Eu me curvo ao Divino que existe no seu *ser*.

Por meio deste livro, me coloco a serviço do Universo para passar adiante as mensagens nele contidas, e que essas mensagens o alcancem com clareza e compreensão individual.

Tudo o que retemos em nosso interior se acumula, como se nos "estufasse". Emoções, conhecimento, medos, segredos e traumas. Ou seja, ao reter o seu *eu real*, que anseia por se manifestar plenamente, você corre o risco de passar isso adiante. Portanto, divida, compartilhe, exponha-se e liberte o seu *ser* que está trancado a sete chaves. O Universo se expande quando você faz isso, e a luz que ilumina a sua consciência, ilumina o todo. Lembre-se de que *somos alma* e *somos grandes*.

Exercite a libertação de tudo o que o aprisiona e abrace a grandeza que reside em seu interior!

---

[1] BRITO, Cássio. Namastê. **Jornal Ibia**. Ibiaçara, 20 dez. 2023. Coluna Cássio Brito. Disponível em: https://jornalibia.com.br/colunistas/cassiobrito/namaste. Acesso em: 11 jun. 2024.

# INTRODUÇÃO: UM NOVO CAMINHO SE ABRE

Você sabia que a vida possui uma inteligência em constante expansão? Sabia que, mesmo quando saímos do caminho do crescimento, temos a oportunidade de voltar a encontrá-lo por meio dos sinais que a vida nos mostra? Acredite: esses sinais são quase pedagógicos, mas muitas vezes acabamos ignorando-os pelo simples fato de não os enxergarmos. Neste livro, falarei de muitos sinais que apareceram no meu caminho, e quero que você faça uma leitura atenta para que perceba, a partir da experiência que tive, quais mensagens estão surgindo na sua jornada.

Esses indícios querem levá-lo de volta ao *amor*, que é o seu verdadeiro destino e a maior frequência de vibração para o seu despertar espiritual. Entretanto, para chegar ao amor real, você precisa, em primeiro lugar, estar em um estado de *ordem* e *consciência*. Neville Goddard (1905-1972), profeta, professor espiritual e autor, fala que "a consciência é tanto a causa quanto a substância do mundo. [...] É a quem teremos de nos dirigir se quisermos descobrir o segredo da criação. [...] É a única e uma dualidade, não figurativamente, mas realmente".[2]

Nada externo existe que não tenha sido criação da nossa consciência. Se somos cocriadores da nossa realidade, assumimos também a responsabilidade por ela. A chave para criar a realidade que você deseja está nas suas mãos. A chave para acessar o seu eu

---

[2] GODDARD, N. **O sentimento é o segredo**. Santa Catarina: Clube de Autores, 2016.

*Eu agradeço por tudo como foi.*

interior verdadeiro e conectado com o Universo está em sua posse. E é a partir desse entendimento que quero começar a nossa jornada, iniciando pela consciência do seu estado atual.

## A DESCONEXÃO, O DESEQUILÍBRIO

Certo dia, anos atrás, estava em casa com o meu namorado da época e nos desentendemos. Durante a conversa para tentar resolver o conflito, ele gritou comigo por um motivo aparentemente banal. Fiquei muito brava! Disse a ele que não suportaria aqueles gritos e que ele deveria parar imediatamente. E ele respondeu: "Eu grito por mim e por você. Se você não dá vazão à sua raiva, farei isso por nós dois". Fiquei perplexa. Em silêncio. Resolvemos a questão e, mais tarde, enquanto refletia sobre aquelas palavras, percebi que, mesmo que nada justificasse seus gritos, eu tinha a minha parcela de responsabilidade na dinâmica de comportamento dele.

Realmente, eu não dava vazão à minha raiva, e ele, de modo maximizado, dava vazão à raiva dos dois. Ambos estávamos à mercê de algo mais profundo por trás daquilo, ele com as causas dele, e eu, com as minhas. No entanto, ambos enfrentávamos dificuldades em impor limites, em comunicar nossos desejos e evitar esperar o ápice do desconforto para falar e sermos ouvidos. E era aí que o grito entrava em cena. Pessoas que gritam, ou pessoas não passivas, vivem uma dinâmica do relacionamento passivo-agressivo.

No nosso caso era que ocupávamos extremos opostos: eu estava em um lugar de muita passividade e ele de muita reatividade. Ambos estávamos fora de centro, desequilibrados. Há um antigo ditado que ilustra perfeitamente essa situação: "Quando um não quer, dois não brigam". Quando observamos os acontecimentos com a alma, em vez do ego, podemos aproveitar *todas* as informações que nos

*Agora eu assumo o meu lugar.*

chegam para evoluir e crescer. A realidade, contudo, é que, se ele estivesse desperto para a própria consciência, jamais teria gritado. E eu, se tivesse percebido a situação completa e me posicionado antes, jamais teria deixado chegar àquele ponto.

Nós somos influenciados a todo tempo, bem como influenciamos quem está ao nosso redor. Se ele gritou por nós dois, imagine só quantos filhos não choram o que os pais deixaram de chorar, gritam o que os pais jamais gritaram. Essa é a lógica e essa é a percepção que você deve ter.

Com frequência, ignoramos nosso desequilíbrio interior por causa da maneira como nossa infância se desenrolou. Muitas vezes, não percebemos os problemas que nos cercam e como eles estão intrinsecamente ligados à nossa trajetória de vida e dos nossos antepassados. A desordem que nos rodeia tem uma causa e uma solução. E a grande chave aqui não é mudar os nossos pais ou o mundo, pois estes são reflexo do nosso inconsciente que ainda não foi desperto. Em outras palavras, desde a infância, o nosso inconsciente provoca situações que nós chamamos de dificuldades para nos mostrar e alinhar com o nosso poder da alma.

O poder da alma é diferente do poder do ego. Ele é naturalmente alinhado a uma inteligência espiritual que nos leva ao *todo*. Está a serviço do amor que inclui todos, e não somente nós mesmos, os nossos interesses ou os interesses de quem amamos. O poder da alma é um caminho pelo qual a inteligência espiritual nos levará ao amor pelo todo, tema sobre o qual falaremos em detalhes adiante. Portanto, não resista aos acontecimentos da sua vida, porque eles só buscam alinhá-lo ao grande amor.

É possível, por exemplo, que você se sinta perdido e frustrado. Ou que você esteja com problemas financeiros, vivendo em

*Agora eu estou a serviço do amor e da paz.*

constante desequilíbrio, ora com muito dinheiro, ora sem nada. Instabilidade emocional, saúde fragilizada, depressão persistente, ansiedade, obstáculos recorrentes, estagnação na carreira e tantas outras questões que podem fazer parte da sua vida. Mas não sou especialista em nenhuma dessas áreas. Essas questões são muito importantes e precisam de acompanhamento médico. Meu objetivo, porém, é ir além, demonstrando que todas essas dificuldades possuem raízes e podem ser superadas, abrindo um novo horizonte em sua jornada. Como faremos isso?

A partir do entendimento de que "o que está acima é como o que está abaixo. O que está dentro é como o que está fora". Como fala Hermes Trismegistus, figura mítica e profeta revelador, intérprete da Divina Sapiência a partir do Princípio da Correspondência.[3] Ao entender isso, quero que você consiga sair do pensamento e do sentimento de ser vítima das circunstâncias. Na prática, somos os criadores do nosso mundo. Tudo o que acontece na nossa vida foi criado por nós. É assustador, não é?! Mas é *libertador* ao mesmo tempo. Sabe por quê? Esse entendimento dá a você a capacidade de criar, imaginando e sonhando a partir do seu consciente. Em outras palavras, todos temos uma essência, e é a partir da nossa conexão com essa essência que a vida acontece em perfeito fluxo. Assim, você se conectará com o seu *eu real*, com a sua mais pura essência, a sua centelha divina, o seu eu superior. E a vida acontecerá em bases espirituais sólidas e permanentes, trazendo fluidez e sentido para todos os acontecimentos com mais leveza, alegria e firmeza na sua alma.

---

[3] ASTROLINK. **Correspondência entre signos.** 20 dez. 2023. Disponível em: https://www.astrolink.com.br/artigo/correspondencia. Acesso em: 11 jun. 2024.

*Agora eu faço diferente.*

Na contramão da obviedade, os conflitos acontecem em um estado constante de dualidade. Certo ou errado, quente ou frio, calmo ou ansioso, branco ou preto, e assim por diante. Essa divisão que fazemos na nossa vida gera um pêndulo e nos faz ir de um lado para o outro, em um movimento constante que nos afasta do nosso eu verdadeiro, do nosso centro e poder da alma. É um comportamento que nos distancia do que está verdadeiramente dentro de nós, da bússola que nos leva ao estado perfeito da vida. Você deve captar o aprendizado, e não o julgamento.

Estamos neste plano para colocar em prática o nosso poder da alma, captar a essência da vida. Não podemos ficar presos como vítimas ou culpando os outros, devemos simplesmente captar o aprendizado de cada história ou situação sem "nos transformarmos" nessas histórias, sem nos identificarmos com o drama. A vida pode ser muito simples assim. As pessoas vão errar. Você vai errar. Isso faz parte do processo natural de viver aqui na Terra. Quando alguém erra com você, é preciso sair do estado de julgamento e chegar ao estado de crescimento e consciência, porque nada é pessoal, tudo faz parte da experiência e das lições que você precisa aprender. Então não perca tempo enviando energias negativas para quem enviou os boletos do seu cartão de crédito, quebrando o computador por causa da raiva que sentiu de um e-mail que recebeu ou gastando energias jogando o celular na parede por uma mensagem de que não gostou. Isso tudo é inútil! **O foco deve ser descobrir o que aquela situação ensinou a você e ser criativo para sair dela.** Assim, não se repetirá mais. Não foque na dor ou na outra pessoa, mas aproveite a oportunidade de crescer.

Quando você ignora esse conselho e entra no caminho do desequilíbrio e da desconexão com o todo, está reafirmando que

*Agora eu olho para a minha vida.*

vive em um estado de ego, que funciona a partir da competição, da guerra, da imposição e do sofrimento. Você reafirma para si mesmo as crenças limitantes que existem dentro de si. Lembra de todas as situações ruins e adversidades que mencionei anteriormente? Elas continuarão se repetindo se você não tratar a sua história com a devida atenção. Mas não se preocupe, porque também lutei contra esses problemas, e quero mostrar como a minha história nos trouxe até aqui.

## NÃO FOI POR ACASO

Fernando Pessoa (1888-1935), poeta, filósofo, dramaturgo, ensaísta e autor português, tem um poema de que gosto muito chamado "Mar português". Dele, tomo a liberdade de trazer um trecho:

> *Valeu a pena? Tudo vale a pena*
> *Se a alma não é pequena.*
> *Quem quer passar além do Bojador*
> *Tem que passar além da dor.*
> *Deus ao mar o perigo e o abismo deu,*
> *Mas nele é que espelhou o céu.*[4]

Para mim, a vida é como uma aventura espiritual, e o desafio é não cairmos nas ciladas de dores e traumas. Mas tudo vale a pena, independentemente de como as histórias se desenrolam a partir do fio condutor da vida. No meu caso, sofri muito ao buscar o meu eu real porque sempre fui muito sensitiva. Como via seres de outros

---

[4] PESSOA. F. Manifesto Futurista. **Arquivo Pessoal**. 2023. Disponível em: http://arquivopessoa.net/. Acesso em: 21 dez. 2023.

*Agora você está sozinho(a). Eu olho para a minha vida.*

planos, em muitos momentos acabei sentindo que não me encaixava na sociedade.

O plano espiritual sempre foi muito aberto para mim, desde cedo, e hoje sei que isso precisa ser tratado como algo natural e não sobrenatural. As crianças têm a "moleira", a parte óssea do crânio que ainda está aberta depois do nascimento, isso não é por acaso. O plano espiritual, de onde nós viemos antes de nascer, está muito conectado com esse lado exposto da nossa alma. Uma vez, quando ainda era pequena, estava brincando enquanto a minha mãe conversava com uma amiga. Tudo corria bem até que uma voz do plano espiritual me pediu para falar àquela mulher algo bem específico. Respondi que não falaria naquele momento, pois estava brincando e não queria parar. A voz insistiu. Parei o que estava fazendo, fui até lá e disse para a mulher as palavras que foram passadas para mim. Ela começou a chorar e a minha mãe ficou brava comigo. Na época, eu não entendia o poder daquilo na minha vida. Não entendia como tudo aquilo se transformaria em quem sou hoje, mas, como nada é por acaso, confiei no processo e segui adiante.

Um pouco mais velha, estudei Letras na faculdade e trabalhei em uma multinacional alemã que me deu enormes oportunidades. Em determinado momento, queria muito morar na Inglaterra, mas o acaso me levou para outros lugares. Fui morar nos Estados Unidos e no Canadá. Em um voo para Baltimore, cidade estadunidense do estado de Maryland, o avião teve alguns problemas e precisou fazer um pouso de emergência em uma cidade chamada Pittsburgh, no estado da Pensilvânia. Eu tinha apenas 22 anos e fiquei com muito medo. Tinha certeza de que ia morrer, mas tudo deu certo e acabei morando por um tempo na cidade. Guarde essa informação, pois ela se conectará mais a frente com a minha trajetória.

*Agora você pode confiar em mim.*

Quando voltei ao Brasil, desenvolvi síndrome do pânico e iniciei uma jornada de busca por respostas. No mesmo período, em uma das minhas conexões com o plano superior, ouvi uma voz que dizia que eu deveria começar um programa de rádio. Na época, não entendi, mas pedi ajuda ao meu pai, para que ele me colocasse em contato com a Rádio Mundial. Tivemos uma conversa com a equipe da rádio, voltei para casa assustada e com uma tarefa: levar, no próximo dia, o nome do programa e a música de abertura. Eu não sabia qual era o objetivo daquilo, então como começaria? Tive outra crise de pânico, fiquei muito nervosa, mas decidi que seguiria a minha intuição em relação a tudo aquilo que estava acontecendo.

No sofá, peguei uma folha de papel e comecei um *brainstorming*. Escrevi diversos nomes e enchi a página. Ao virar a folha para continuar a escrever do outro lado, veio o clique: "virando a página". Esse seria o nome do meu programa. Com isso definido, pensei: *vou ligar o rádio, e a música que estiver tocando será o tema de abertura*. Era *Amanhã*, do Guilherme Arantes. Tomo a liberdade de trazer um trecho: "Amanhã será um lindo dia/ Da mais louca alegria/ Que se possa imaginar. [...] Amanhã, mesmo que uns não queiram/ Será de outros que esperam/ Ver o dia raiar/ Amanhã ódios aplacados/ Temores abrandados/ Será pleno, será pleno". E assim foi: *pleno*.

Comecei o meu programa e, durante muitos anos, me sentia como um canal, mas sem muita consciência. Fiz vários cursos, tornei-me terapeuta, mas ainda não estava feliz. No meio do caminho, fui coproprietária de uma clínica de cirurgia plástica com meu namorado. Por ter saído do meu propósito de vida, escolhendo entrar nesse negócio, vivi uma história de perdas financeiras, traições e situações difíceis, ao ponto de me render e buscar respostas espirituais. E encontrei essas respostas na constelação familiar.

Buscava uma resposta mais prática para tudo o que estava acontecendo, mas o acaso não me deixava partir: a pessoa que fez a minha constelação havia nascido no mesmo dia, mês, ano, horário e local que eu. Ela veio na mesma "embarcação" que eu para a Terra. Além disso, durante o processo, ela me disse que muitas das coisas que estavam acontecendo tinham a ver com a história do meu bisavô. Fiquei perplexa, porém curiosa. Cheguei em casa, liguei para a minha avó e perguntei a história do pai dela, e ela confirmou tudo. A partir dali, comecei a entender o quanto eu estava emaranhada na história de um dos meus antepassados.

Prisioneiro de guerra na Alemanha, o meu bisavô viveu uma situação difícil durante muito tempo. Antes de ir para a guerra morou em uma cidade no interior dos Estados Unidos. Adivinha em qual cidade? Pittsburgh. A mesma em que morei após o pouso emergencial do avião. Além disso, descobri que o meu trabalho naquela empresa alemã estava totalmente conectado com o meu bisavô. O tempo em que morei nos Estados Unidos e no Canadá, e muito do que passei na minha história, eram maneiras de honrá-lo. Entender isso foi libertador para mim, pois tudo se conectou.

Depois disso, entrei para um curso de formação em constelação familiar em São Paulo. Na sequência, fui para a Alemanha conhecer Bert Hellinger (1925-2019), psicoterapeuta alemão, autor best-seller e figura responsável por criar a metodologia da constelação familiar. Naquela ocasião, a equipe dele precisava de alguém para organizar um evento no Brasil, e tive a sorte de poder estar perto dele por mais de dez anos e aprender com ele e com Sophie Hellinger, esposa e atual responsável por perpetuar todos os ensinamentos de Bert no mundo. Após conviver por muitos anos com ambos, sigo como uma das pessoas responsáveis por transmitir

*Dou-lhe um bom lugar no meu coração.*

esses ensinamentos tão libertadores, modernos e essenciais para a nossa evolução espiritual.

Com Bert, aprendi coisas extraordinárias. A postura espiritual dele era algo inexplicável, e a percepção dele da realidade fugia completamente da relação de dualidade que citei anteriormente. Bert tinha um nível espiritual altíssimo, então sou muito grata por tudo o que aprendi com ele. Parte de tudo o que veremos aqui será graças à minha experiência com a constelação familiar.

Mas o que é a constelação, afinal?

Por meio de um processo conectado ao campo mórfico, ou seja, um campo de informação, a constelação mostra o que está em desordem perante as leis, sobre as quais falarei mais adiante, e como essas desordens espirituais afetam gerações até que sejam vistas, honrando tudo e todos para que tenham um lugar de aceitação, amor e aprendizado pelo que foram. Ela nos dá a oportunidade de enxergar o que nos cerca de maneira prática. Quando você olha para o campo, enxerga a sua alma, para quais lugares ela está olhando, e esse é o grande segredo. Não existe ego, não existem tristezas, não existe insegurança, existe apenas a verdade.

Assim, a constelação é filosofia na prática. É relacionamento; é compreender qual é o nosso lugar perante as situações; é entender a ordem de cada uma das coisas que nos cerca, pois todos temos o nosso lugar, independentemente de quem sejamos e em qual situação estejamos. Constelação é falar e ser ouvido; é conectar o que está desconectado; é virar a página. Foi assim que entendi o nome do meu programa de rádio, *Virando a Página*. A constelação me trouxe essa clareza, pois ela representa isso na nossa vida.

Constelar é um método de evolução espiritual, de ver que a verdade está fora da sua razão ou da razão do outro. A verdade está

*Está tudo bem.*

em poder ver o *todo*, e não somente uma parte da vida, uma parte da história ou um único ponto de vista. Está muito além disso. Eu sempre falo que, depois que conheci esse método de enxergar a realidade maior, meu entendimento se transformou, e é impossível acreditar que existe qualquer solução na guerra, no julgamento e nas atitudes que temos neste mundo de terceira dimensão. A solução para os conflitos está na consciência da sua parte e da parte do outro, está na ordem e no amor que nos une e não nos separa.

A verdade nos leva a virar as páginas e olhar para o que ainda não lemos, não entendemos e não aceitamos. Hoje entendo que só podemos virar uma página de um livro quando dizemos "sim" a tudo como foi e como é, com coragem e sem drama. Hoje também entendo que a voz que falava comigo e me mostrava que eu não estava a serviço somente de mim mesma foi algo que me trouxe até este momento. **Cada fase da minha vida foi um preparo para que eu pudesse aceitar as mudanças, desapegar da fase anterior e me abrir para o novo, agora conectada com a grande vontade divina.**

É isso que eu desejo a você, e quero caminhar ao seu lado para que você possa atingir tal objetivo.

## A NOSSA JORNADA

Aqui, nestas páginas, e a partir da consciência que você alcançará, falaremos de como desemaranhar o seu destino, saindo da bondade cega e do papel de vítima para que você possa assumir a sua grandiosidade. Explicarei as ordens do amor, o que é o seu lugar de pertencimento e como você pode ocupá-lo sem medo ou receio. Seguiremos, ainda, para um estado de agradecimento constante, no qual ensinarei como você deve olhar para a história dos seus familiares e ter gratidão por tudo o que passou. Por fim, falaremos de equilíbrio,

*Eu agora deixo você em paz.*

experiência individual, crescimento, força, sintonia e ação, passando pela compreensão de que devemos sempre estar a serviço de algo maior para que possamos chegar à vida que queremos ter. O meu objetivo é guiar o seu caminho para que você possa viver com plenitude, estando ao seu lado durante todo esse processo.

Para que tudo isso aconteça, entretanto, você precisa ser receptivo à herança espiritual que é sua por direito. Essa herança contempla a ordem, o amor, a prosperidade, a alegria, a criatividade, a paz, a saúde e a sabedoria. Afinal, assim como o rio corre para o mar, somos filhos da mesma fonte perfeita que fez o Universo. Que tal, então, a partir da consciência que mostrarei, você viajar em direção ao seu eu real de profunda clareza?

Em termos práticos, o meu objetivo é torná-lo um condutor, ou seja, ensiná-lo a guiar os seus pensamentos, emoções e o seu corpo a partir da sua experiência espiritual. Quero ensinar você a ter equilíbrio para que possa harmonizar a sua existência com saúde, boas relações, razão e emoção proporcionais, ordem e consciência, para que o amor flua naturalmente. Então, prepare-se para aprender a se tornar um observador presente no aqui e agora, interagindo, sentindo e saboreando, porém não mais de modo caótico, apegado, despreparado e medroso, e sim com uma visão desapegada da ilusão do mundo, aproveitando a aventura que é estar nesta viagem que chamamos de vida.

Só o fato de estar lendo este livro já é prova de que você está desperto e pronto para evoluir. E isso me enche de orgulho. Nada é coincidência. Nada é por acaso. Você caminhou em direção a uma alta frequência de vibração. Saiba que as mudanças não acontecem de graça, mas também não precisam ser acompanhadas de sofrimento. Na prática, quanto mais consciência, menos sofrimento.

*Eu agradeço o que você veio me ensinar.*

A SUA ESSÊNCIA É O SEU CAMINHO DE VOLTA PARA O SEU EU VERDADEIRO. AQUI, CAMINHAREMOS EM DIREÇÃO À ORDEM E AO AMOR, À CONSCIÊNCIA E À ESPIRITUALIDADE, À CENTELHA DIVINA QUE EXISTE EM VOCÊ E SÓ PRECISA SER DESPERTADA. A PARTIR DE TUDO ISSO, VOCÊ ASSUMIRÁ UM NOVO OLHAR PERANTE A VIDA, COM MAIS SIGNIFICADO, ENXERGANDO A BELEZA QUE EXISTE NO MUNDO E O AMOR QUE ESTÁ PRESENTE EM TODAS AS COISAS. VOCÊ ENCONTRARÁ A PAZ, A ALEGRIA, O BEM-ESTAR, A FÉ, A SAÚDE E A SABEDORIA.

Assim, se quer deixar uma bela herança, deixe-a a partir de uma consciência desperta. Isso perdurará pelo tempo e pelas próximas gerações. E não apenas na sua família, mas também em todos os seres humanos que estão aqui. Para isso, quero que você *sinta*! Que deixe o *sentir* vir *antes*. Não venda a sua alma por nada, sinta-a e deixe o seu ego de lado. Pare de julgar tudo como bom e mau, conecte-se consigo mesmo, com o todo. Tudo o que vem da fonte é eterno, profundo e certeiro. Passageiro é somente o que vem da superfície.

Assim, concluo: boas-vindas ao mundo real – o *mundo interno*. Quanto mais você descobrir quem realmente é, mais a sua vida será repleta de pura magia.

Espero você na próxima página!

# 01.
# ENTRE O PASSADO E O PRESENTE; O SOFRIMENTO E A EVOLUÇÃO

A verdade é que controlamos pouquíssimas das situações que permeiam a nossa vida. Quantos planos já elaboramos com meticulosidade, apenas para vê-los desmoronar diante do inesperado? Quantos outros até fluíram, mas não saíram exatamente como você esperava? Pense no seu dia a dia, nas suas viagens, em tudo o que aconteceu na sua vida neste ano. Aposto que conseguirá listar alguns itens que não saíram exatamente como você imaginava. Isso é normal! E acontece porque a sua vida não diz respeito somente a você, e sim ao *todo*. Ela é muito maior do que você imagina, conhece ou pensa, e justamente por isso o controle foge das suas mãos, de maneira que, quanto mais você tenta controlar, menos as coisas fluem como gostaria.

Vivi isso no esporte, quando era jogadora profissional de vôlei. Se for um bom observador, verá que a partida em si é muito mais do que apenas um time disputando contra o outro. Existe um fluxo maior atuando no campo. No meu caso, quando queria jogar bem e tentava controlar tudo ao meu redor, acabava em uma partida rígida e cometia erros constantemente. Quando me soltava, entrava no fluxo da partida com as parceiras de time, sentia que jogava muito melhor, simplesmente porque estava focada no presente, sem preocupações. Em quadra, cada jogador tem o próprio lugar e, quando o adversário faz uma jogada, é preciso estar bem-posicionado para se defender. Esse posicionamento é treinado a todo tempo, e ele se relaciona ao lugar em que você está, ao ato de sentir a partir do

*Eu agradeço por você ter olhado para mim.*

que acontece e mudar a posição quando necessário para fluir com o presente.

**Se você tenta controlar tudo a todo instante, gera uma ilusão de controle. Isso leva a um estado de rigidez, acarreta um desgaste enorme e o coloca fora da posição em que deveria estar.** Vou além: a vida não foge à regra. **Se você está exercendo um papel diferente do que deveria na sua família ou no trabalho, está em desordem com o Universo. Se tenta controlar tudo o que está ao seu redor, está fora do seu lugar.** Ao se conectar com muita força aos bens materiais, você gera um desequilíbrio na sua jornada. Como consequência disso, sente-se perdido e solitário, não confia no destino, vive uma vida segmentada, sofrida, longe da felicidade e com efeitos muito sérios que podem estar prendendo você a situações de desgaste emocional. Arrisco dizer, inclusive, que essa desordem universal influencia diretamente muitos dos maiores problemas que vemos na sociedade hoje, como os exemplos que abordarei a seguir.

Segundo o Relatório Global de Emoções feito pela Gallup em 2021, o índice de infelicidade chegou ao patamar mais alto desde que os dados começaram a ser coletados e permanece lá até a última pesquisa feita em 2023.[5] Nos registros, a síndrome do pânico afeta entre 2% e 4% da população global.[6] Em termos nacionais, a Organização Mundial de Saúde (OMS) indica que o Brasil é considerado o país com o maior número de pessoas ansiosas. Dados da

---

[5] GALLUP's 2024 Global Emotions Report. **Gallup**, 2024. Disponível em: https://www.gallup.com/analytics/349280/gallup-global-emotions-report.aspx. Acesso em: 24 jan. 2024.

[6] AGNES, Faria. Entenda como a síndrome do pânico afeta a vida das pessoas. **Terra**, 2024. Disponível em: https://www.terra.com.br/vida-e-estilo/saude-mental/entenda-como-a-sindrome-do-panico-afeta-a-vida-das-pessoas,d909fa16050a493e4c21ff03472a331cr8fw6vyw.html. Acesso em: 23 jan. 2024.

*Eu amo você.*

Vittude mostram que 37% das pessoas estão com níveis altíssimos de estresse, 59% estão em estado máximo de depressão, e que a ansiedade atingiu 63% da população,[7] enquanto as tentativas e os pensamentos de suicídio em empresas aumentaram 367% em 2023.[8]

Também atendo muitas pessoas que relatam baixa autoestima, estagnação na vida, sentimento de tristeza, raiva, angústia, vazio, problemas emocionais graves, dificuldades em relacionamentos afetivos e na carreira, brigas familiares e tantas outras questões que acabam as afligindo.

Quando estamos em desordem com o Universo, ficamos vulneráveis a passar por dificuldades. **Ao não nos conectarmos com nossa fonte espiritual interna, acabamos abrindo portas para que as adversidades se instalem.** Perceba que aqui não estou falando de se livrar do que pode estar lhe fazendo mal, mas sim entender a sua história, a sua jornada e se colocar com respeito na sua posição no plano espiritual em que vivemos. Assim como aconteceu com uma mulher que constelei há algum tempo.

Ela chegou até mim relatando que não estava com o marido há mais de cinco anos e que queria se desvencilhar do parceiro. Perguntei sobre a história deles, e ela me contou que eles tinham filhos e que foi ela quem pediu a separação. Depois do divórcio, cada um seguiu seu caminho. Aprofundando um pouco mais no assunto, a

---

[7] BRASIL. Ministério da Saúde. Conselho Nacional de Saúde. **CNS promoverá live sobre a saúde mental dos trabalhadores e trabalhadoras no Brasil**, 2023. Disponível em: https://conselho.saude.gov.br/ultimas-noticias-cns/2971-27-04-live-transtornos-mentais-e-adoecimento-no-ambiente-de-trabalho-como-enfrentar. Acesso em: 24 jan. 2024.

[8] MENTAL Clean. TENTATIVAS e pensamentos de suicídio em empresas aumentaram 367% em 2023. G1, 2023. Disponível em: https://g1.globo.com/sp/campinas-regiao/especial-publicitario/mental-clean/noticia/2023/09/05/tentativas-e-pensamentos-de-suicidio-em-empresas-aumentaram-367percent-em-2023.ghtml. Acesso em: 25 jan. 2024.

*Eu deixo você com o que é seu.*

mulher me contou que se sentia presa ao ex-marido e queria se livrar desse sentimento. Então descobri que, para a religião que ela segue, não existe separação, o casamento une os parceiros por toda uma vida. A grande questão estava nas amarras que ela sentia em relação à sua religiosidade por conta da separação. Queria se livrar da culpa e se libertar dessas amarras. Quando falamos de casamento, não existe o ato de "se livrar de algo". Devemos agradecer e libertar. Essa é a lógica! Fizemos um ritual para que ela pudesse dizer para si mesma que não estava feliz naquela relação e que, apesar dos votos religiosos que tinha feito, aquele relacionamento já não fazia mais sentido na sua vida.

Em resumo, o que quero mostrar é que existia uma desordem que precisava ser reestabelecida. Uma culpa que precisava ser tratada. Esse sentimento a mantinha presa, ou excessivamente identificada, ao relacionamento anterior. É disso que trataremos aqui. Quero trazer alguns dos temas mais comuns que envolvem essa desordem universal e como eles costumam afetar a vida das pessoas.

Para prosseguirmos, convido-o a encontrar um local tranquilo e ler com atenção as próximas páginas para que possa, com autorresponsabilidade, identificar se essas situações estão presentes na sua vida de alguma maneira.

## PRESO AO PASSADO OU À FAMÍLIA

Em primeiro lugar, precisa entender que, conhecendo ou não a sua família e o que aconteceu com os membros dela, você está no mesmo campo de conexão que eles, e a vida deles influenciará diretamente a sua. Ou seja, o que está excluído, em desordem ou em desequilíbrio de troca, isto é, em um estado de quebra das regras entre dar e tomar algo, causará compensações nas próximas

*Eu devo o seu lugar.*

gerações. E essa compensação não considera idade, gênero, caráter ou qualquer outra diferenciação humana. Ela simplesmente atua para que algo seja visto e colocado em ordem. Pode parecer um tanto duro falar isso, mas, para avançarmos, é preciso que você tenha isso em mente desde o início.

A própria cabala, uma escola de pensamento quase tão antiga quanto o próprio homem, diz que aquilo que enxergamos com os nossos olhos equivale a apenas 1% da realidade: "É por isso que muitos pensam que sua existência não tem sentido ou depende da casualidade. A razão para isso? A limitada capacidade que nós, seres humanos, possuímos para ver os 99% restantes da realidade, onde estão todas as coisas de que precisamos, ou seja, a força vital que ajuda a desfrutar de uma vida plena".[9]

Sendo assim, a cocriação pura se torna inviável se estamos em desordem. Todas as leis universais de funcionamento da realidade deixam de atuar quando não existe ordem. A vida para e o emaranhamento encontra espaço. Isso acontece quando saímos do nosso lugar e do nosso papel na família e tomamos o lugar de outras pessoas. Pode ser um pai, uma mãe ou um irmão. **Esse emaranhamento acontece por ligações inadequadas e prejudiciais na dinâmica familiar; se não ocupamos o nosso lugar dentro da própria família e não desemaranhamos esses nós, ficamos estagnados.**

Vivemos o que a nossa família sempre viveu, não apenas por um amor cego, mas também porque não sabemos sair desse círculo vicioso que nos prende. É como um elástico invisível que nos puxa

---

[9] A CABALA, uma ciência espiritual para compreender a vida. **A mente maravilhosa**, 2015. Disponível em: https://amenteemaravilhosa.com.br/cabalauma-ciencia-espiritual-compreender-vida/. Acesso em: 2 jul. 2024.

*Eu faço algo bom com isso.*

para trás ou nos segura, assim como aconteceu com um jovem que constelei há algum tempo.

Ele estava em dúvida sobre qual carreira seguir: administração ou marketing. Coloquei a história no campo com três pessoas: uma para o marketing, outra para administração e uma terceira para algo indefinido. A pessoa da carreira de administração só olhava para baixo, enquanto a pessoa que representava o marketing olhava e sorria diretamente para o jovem. Analisando a situação, perguntei ao garoto se alguém na família já havia falido, e ele me contou que isso tinha acontecido com o pai dele.

Muitos anos antes, o pai havia quebrado a própria empresa e vivido problemas financeiros muito graves. Além disso, contou-me que sempre quis ajudar o pai e que seguir a carreira de administração seria uma maneira de ajudar outras pessoas a não passarem pela situação que ele passou. Se seguisse nessa jornada, trabalharia com recuperação de empresas. Com essa consciência, ele pôde escolher com mais segurança. Coloquei o pai no campo da constelação e pedi que ele falasse para o representante: "Por meio do amor que sinto por você, posso fazer algo de bom com a sua dificuldade. Não para salvar você ou mais ninguém, mas pela importância da sua experiência. Aqui, sou menor e você é grande. Respeito a sua experiência". Com isso, ele respeitou a própria história, fez um movimento de cura e conseguiu seguir em frente. Se não tivesse feito isso, provavelmente seguiria em uma espiral de desequilíbrio.

Assim, ao não resolvermos as questões familiares ou ficarmos presos ao passado, a desordem se manifesta para que o que está oculto seja visto. Essa mesma lógica vale para relações tóxicas entre pais e filhos. Existem grandes ciladas espirituais nessa relação, e isso só acontece por ignorância nossa ou do outro. Por isso, aqui não vamos

*Eu honro você quando eu vivo plenamente.*

falar mal de pai, mãe ou filho. Não vamos falar de culpa. Vamos falar de dinâmicas invisíveis que atuam com o objetivo de nos trazer vida, fluidez e amor. Quando Hellinger traz frases de lucidez e cura, não é para culpar familiares, o passado ou a si mesmo, é para tomar consciência e mudar a rota da vida, mudar o comportamento. Isso é filosofia na prática, é a espiritualidade na prática, é a prática do amor real.

Muitas vezes, pais prejudicam filhos por meio de chantagem emocional. Isso acontece de filho para pais ou em relacionamentos afetivos. Tomando consciência disso, podemos transformar essa dinâmica que nos leva para o menos e ir em direção a uma atitude que nos leva para o mais. Mesmo que o outro não entenda, aceite ou concorde, temos que fazer a nossa parte.

Algumas frases clássicas dessa dinâmica são: "Dei a minha vida por você e agora você não fica comigo no fim de semana"; "Eu sei o que é melhor para o meu filho"; "Você carrega por mim". Os abusos começam nessa desordem dentro de casa. Pais são grandes para resolver os próprios problemas sem usar os filhos para manter parceiros, ganhar dinheiro, resolver carências, para ter motivos para estarem vivos. São adultos lidando com adultos. Crianças recebem apoio, segurança, alimento, amor, respeito, educação e limites de adultos e, assim, quando crescem, podem se tornar adultos que vão cuidar das crianças e zelar por elas.

Essas dificuldades são como travas na vida e nos impedem de ascender em frequência para que possamos conquistar o que desejamos. Em um lugar que existe desarmonia familiar, existe também uma prisão em relação a algo ou a alguma situação que precisa ser transcendida, superada ou reorganizada. O passado não pode ser mudado, mas, com uma visão mais ampla, podemos mudar o que vimos e o que aprendemos com ele.

*Eu me alegro e agradeço pela minha vida.*

Toda família é formada por pessoas que estão ligadas umas às outras. Esse conjunto, por si só, amplia-se a partir de relacionamentos amorosos e novas famílias que se formam. Então é preciso cuidar dos emaranhamentos familiares e colocar ordem e harmonia nessas relações. Guarde isso, pois exploraremos mais este tema no Capítulo 4.

## O ETERNO ESTADO DE SOFRIMENTO

Alguns anos atrás, em um voo de volta da Grécia para o Brasil, a aeronave atrasou e, já no ar, uma mulher começou a se sentir mal. O comandante solicitou um médico a bordo, e a comissária, preocupada com a pessoa que não estava bem, levou o profissional imediatamente até a poltrona dela. Minutos depois, o comandante repreendeu a comissária por não ter seguido o protocolo, que exigia a apresentação do médico ao piloto para verificação de seus documentos antes de atender a paciente. O médico, ao lado da mulher desmaiada, dizia que não poderia fazer nada, porque ela estava sozinha e não tinha como fazer uma checagem de antecedentes para entender a situação. Tentei ajudar como podia. Ofereci auxílio e apliquei reiki – uma terapia integrativa que, a partir das mãos, canaliza a energia vital universal – para tentar reestabelecer o equilíbrio daquela mulher inconsciente. Depois de algum tempo, ela melhorou.

Vinte minutos depois, outra pessoa desmaiou. O médico foi até a poltrona, verificou a situação e, mesmo com o marido ali presente, não havia nada que pudesse ser feito. Apliquei novamente o reiki e voltei a me sentar. Logo a comissária pediu para que eu aplicasse a técnica nela também, já que estava nervosa com toda a situação. Fiz isso pelos próximos minutos e fui chamada na cabine do comandante. Naquele momento, achei que levaria uma bronca

*Eu me rendo.*

também, mas, quando cheguei lá, era outro piloto que estava na cabine. Ele começou dizendo que tudo o que começa errado termina errado. Fiquei surpresa, mas continuamos o papo. Ele explicou que a tripulação estava revezando o controle da aeronave para que a outra equipe pudesse descansar, porque haviam chegado de outro voo internacional e tiveram que cobrir tripulantes que faltaram, justamente por isso, não era ele que estava pilotando quando tudo aconteceu. Ele me disse que achava que os passageiros haviam passado mal por uma situação de desordem entre os funcionários. Ele agradeceu e seguimos o trajeto.

De maneira prática, o que quero que você perceba com essa história é: quando a desordem se instala, afeta tudo e todos. Uma família, uma empresa, um time de futebol, uma classe de alunos, um hospital, um voo comercial, uma viagem de carro. Em outras palavras, ela gera desequilíbrio, paralisação e estagnação. Se considerarmos que estamos em um mundo que gira em um movimento de rotação ao redor de si mesmo e de translação ao redor do Sol, a estagnação é antinatural. Precisamos nos movimentar, evoluir, agir na nossa força de gravidade espiritual, para que possamos transcender o que ficou no passado e entrar em sintonia com o que a nossa geração e o nosso lugar único na Terra nos oferecem.

Muito mais do que apenas viver e superar os traumas, precisamos transcendê-los. Precisamos, em primeiro lugar, aceitar o que aconteceu e como aconteceu. Não fique brigado com Deus pelo ocorrido. Aceite o que não pode resolver e retome a sua conexão com a inteligência divina. Da mesma maneira, não seja uma eterna vítima das circunstâncias.

Na constelação, vemos que, em situações nas quais a pessoa sempre acha que o outro é culpado, existe um desequilíbrio universal

*Eu olho com amor para onde você olha.*

que foge ao controle. Não podemos constelar aqueles que somente se veem como vítimas e não aceitam ter responsabilidade pelo que aconteceu. **Vítimas não querem soluções, querem aliados.** Entenda que todos nós somos vítimas de algo e temos que tomar as providências necessárias para colocar ordem na sociedade, entretanto falo do que está por trás do que nos acontece. Isso precisa ser visto na profundidade, já que somos cocriadores da nossa realidade. Algumas pessoas fazem diversas constelações sobre o mesmo assunto porque não conseguem enxergar a realidade. Sentem medo – e paralisam – ao pensar em dar um passo adiante. Não querem crescer, vivem apenas para sofrer.

Esse sentimento, tão comum a todos, nos transforma em pessoas mais humanas e abertas ao vínculo interpessoal. Veja esta situação: na doença de um familiar, em momentos de dificuldades mais sérias ou até mesmo na morte, nos aproximamos das pessoas para que possamos ajudar e ser ajudados. Naturalmente, a bondade desperta dentro do nosso coração e sentimos amor. O problema acontece quando esse amor só é despertado durante o sofrimento. É um sentimento de utilidade conectado ao sofrimento que nos vicia.

De acordo com a minha experiência, essa situação é muito comum em sistemas familiares nos quais as crianças tiveram que assumir o papel de pais ou de responsáveis. São aqueles que precisaram ter alto nível de responsabilidade muito cedo. Além disso, é comum também encontrar essa dinâmica em famílias com muitas brigas e agressividade. Isso acontece porque a criança vê os pais sofrerem e sente a necessidade de ser vista. Isto é, quem sofreu muito na infância geralmente tem dificuldade de sair do estado de sofrimento. E vou além: costumam se casar com pessoas que sofreram na mesma medida.

*Eu olho para a sua essência, o amor.*

**TALVEZ ALGUMAS FICHAS ESTEJAM CAINDO PARA VOCÊ. SE NÃO NA SUA HISTÓRIA, É POSSÍVEL QUE RECONHEÇA NA HISTÓRIA DOS SEUS PAIS, IRMÃOS, AMIGOS OU CONHECIDOS. A REALIDADE É QUE, AQUILO QUE A CRIANÇA SOFRE, MANIFESTA-SE NA VIDA ADULTA. O SOFRIMENTO MOSTRA QUE ALGO NÃO FOI TRANSCENDIDO, SUPERADO.**

Muitas pessoas estão tristes, infelizes com a vida – aparentemente boa –, porque sentem um vazio. Às vezes, não há motivo aparente para a frustração e para o que está acontecendo. Como consequência dessas situações, voltamos aos maiores indícios de infelicidade e tantas outras doenças que comentei no início do capítulo. É um círculo vicioso. Vivi isso em determinado momento, e você pode estar vivendo também.

No capítulo anterior, contei o período em que tive síndrome do pânico e depressão. Ao voltar da temporada que morei fora do país, senti que a vida havia perdido completamente a graça, e uma tristeza arrebatadora tomou o meu ser. Era como se a minha alma estivesse se desprendendo do meu corpo. Falava com a minha mãe sobre isso, e ela achava que eu estava exagerando. Fiz esse movimento até que, um dia, já sem forças para falar ou fazer algo, coloquei o meu colchão ao lado da cama dela e disse que ficaria ali para sempre. Foi assim que ela se deu conta de que eu precisava de ajuda e quando comecei a fazer terapia.

Com a constelação, muitos anos depois, pude perceber que esse movimento que fiz tinha a ver com a profunda tristeza que a minha mãe sentia por ter perdido o pai aos 14 anos. A minha avó precisou sustentar dois filhos sozinha, e a minha mãe nunca teve a possibilidade de chorar pela morte do pai dela. Seguiu em frente,

*Eu pego de volta o que é meu.*

até que tudo aquilo acontecesse comigo e ela precisasse confrontar a própria dor para que não perdesse a filha. Eu queria fazer o movimento comum de um filho para um pai ou uma mãe: "Eu morro por você, mamãe". Em vez disso, eu havia invertido a hierarquia, assumindo o papel de mãe da minha mãe e carregando as dores dela e por ela.

Percebe qual é a lógica? É fundamental identificarmos a origem das nossas dores. Se eu estivesse no meu lugar de filha para a minha mãe, a história teria sido diferente. Note que não quero falar que foi culpa dela, muito pelo contrário. Ela lidou com o que aconteceu da melhor maneira possível. Porém, por meio da minha história, ela precisou olhar para a própria tristeza.

Vivemos imersos na inconsciência por não olharmos para a dor coletiva da sociedade, da família e nossa. Manifestar, dar lugar e reconhecer esse sofrimento nos possibilita vivenciar outras experiências além das que se repetem em nós e na nossa família. **A dor não vista se torna repetição**. A experiência vista com o olhar de vítima se torna repetição. Assim é na vida, na carreira, no relacionamento. E muitas vezes vemos o amor entre duas pessoas como uma relação de negócio. Eu dou e recebo algo em troca. Isso é ilusório, prejudicial e causa desordem, assim como aconteceu com uma mulher que constelei há alguns meses.

Ela chegou até a constelação relatando que o namorado havia ido embora e levado todo o dinheiro dela. Contou que o relacionamento começou quando ela, vivendo uma depressão profunda, recebeu a irmã e alguns amigos em casa; um deles era esse rapaz. Disse que não sentiu atração nenhuma por ele, mas viu ali uma possibilidade de alguém legal que poderia ajudá-la a sair daquela situação de tristeza. Depois de algum tempo, quando já estava se sentindo melhor, terminou o relacionamento, e foi assim que o namorado levou o dinheiro e gastou todo o limite do cartão de crédito dela.

Mais do que apenas tratar da dualidade do que é certo ou errado na atitude dele, quero que você tente enxergar além. A constelação mostrou que aquele dinheiro que ele havia levado embora era o pagamento pela terapia que ele havia feito com ela. Uma vez que ela não foi honesta com ele no início do relacionamento, precisou pagar na mesma moeda ao fim dele. Se foi um negócio para ela, ele cobrou por isso.

Ao analisarmos o plano espiritual e o estado de ordem das coisas, nem sempre o óbvio será o certo – ou errado. Preciso que você abra o seu coração em relação a isso. Todas as relações estão sendo regidas por uma força maior de equilíbrio, e a nossa vida está sendo diretamente influenciada por isso. A saúde, as finanças, o bem-estar, a família, o trabalho, a vida amorosa. Tudo. Entretanto, esse sofrimento não precisa ser permanente. E não será.

## CICLOS SE ABREM, CICLOS SE FECHAM

Tenho uma pergunta: quem é você?

Aconselho a leitura do livro *Eu sou aquilo: conversações com Sri Nisargadatta Maharaj*. Uma das frases dele é: "O mundo real está além da mente".[10] A sua mente vai explicar para você que você é Fulano de Tal, com tantos anos, formado em tal coisa. Esse rótulo nos prende a uma identidade que não é a real, e por isso não conseguimos alcançar o fluir da existência.

---

[10] ASI, T. T. **Eu sou aquilo**: conversações com Sri Nisargadatta Maharaj. Sorocaba: Satsang, 2016.

*Eu recebi demais.*

Além disso, reflita: hoje em dia, quem possui você? Mãe, pai, marido, esposa, chefe, empresa, religião, situação ou crença.

Muitas vezes, ao não assumirmos o nosso espaço de existência, deixamos que outras pessoas o façam por nós. Nesse caso, começamos a sentir que a felicidade só existe se formos parte de outras pessoas. Ela não se origina dentro de nós, está sempre no que é externo. E tudo o que você faz não sai a partir de você, sai a partir do outro, da necessidade do outro. Quando isso acontece, você não se possui mais. Vende-se para agradar o outro; perde a criatividade e a essência.

O mesmo acontece com a inveja e o ciúme. Encontraremos pessoas invejosas e ciumentas no nosso caminho. Mas será que são elas que nos impedem de avançar e conquistar os nossos sonhos? Ou será que estamos nos sentindo tão insignificantes que precisamos nos sentir amados e vistos por meio do ciúme e da inveja? É claro que não posso generalizar, existem casos e casos; contudo, quero que tenha em mente que, se não tiver coragem de assumir quem é por completo, não terá uma existência fácil. Viver na mentira não nos leva à evolução. Viver com uma máscara pode parecer mais cômodo no começo, mas é tão frustrante quanto tentar se encaixar em lugares aos quais não pertence.

Quando você nota a própria existência, assume a sua posição. Quando você se conhece, anda pela vida sem dúvidas, porque está conectado à sua centelha divina que tudo sabe. Isso não significa impor a sua vontade ou tomar do outro. Muito pelo contrário, significa encontrar o seu eu verdadeiro e se conectar com a sua espiritualidade. Muitas vezes, você precisará abrir mão do que quer, assim como em uma negociação ou em um relacionamento. Independentemente de qual seja a situação, essa dinâmica é feita de ciclos, e eles começam e terminam. Dói, mas é a verdade. E os ciclos

*Eu recebi o suficiente.*

que não fechamos não nos permitem assumir quem somos e realizar os nossos sonhos.

## APRENDA A INICIAR, MANTER E FINALIZAR CICLOS

Uma vez, recebi na constelação uma mulher que havia sido abandonada várias vezes antes do casamento. Perguntei a ela quem, na história familiar dela, havia deixado muitas noivas. Ela respondeu: "O meu pai". Pronto! Os ciclos que os pais não fecharam são fechados pelos filhos.

Em outro momento, constelei uma mulher que estava com problemas no relacionamento. Entrei no campo dela e perguntei como havia conhecido o namorado. Ela contou que estava no trânsito, em um dia qualquer, e um carro parou ao lado. O homem que o dirigia abaixou o vidro e pediu o telefone dela. Depois que começaram a namorar, ela levou o moço para conhecer a mãe, que ficou chocada, porque ele era muito parecido com um antigo namorado seu. A mãe da moça e o pai do rapaz tiveram um relacionamento avassalador. Apaixonaram-se e, por conta de brigas desnecessárias, separaram-se e nunca mais se viram. A história, em outros termos, nunca foi concluída. O pai do rapaz morreu alguns meses antes de os jovens se conhecerem. Como é possível conhecer alguém e se relacionar com essa pessoa que está conectada ao grande amor da vida dos seus pais? Para mim, essa foi a prova mais incrível de que o que não foi resolvido pelos nossos pais será resolvido por nós.

Então, pare e sinta: quais ciclos você não fechou? Quais ciclos os seus antepassados não fecharam? Você ainda mora com seus pais? Depende financeiramente de alguém? Imagina-se fazendo algo diferente no passado? Feche os olhos e tente responder a essas perguntas na sua mente.

> *Eu respeito as suas escolhas.*

A partir de agora, quero fazer um convite para que você tenha maturidade espiritual para responder a essas e tantas outras perguntas que aparecerão ao longo dos capítulos. Quem tem maturidade espiritual é um buscador, e não um cego. Crer cegamente é fácil, aprender e se aprofundar não é para qualquer um. Quero que você seja um **buscador da consciência**, não uma vítima.

Nesta vida, não existe o amor incondicional que esperamos. Vivemos frustrados com relação aos nossos pais, filhos, relacionamentos afetivos e de amizade. A frustração reflete também nos nossos negócios e na carreira, porém a evolução passa pela consciência, ou seja, para evoluir, é preciso pensar, assumir, ter responsabilidade e coragem para o amor real.

Ao visitar o México, fui conhecer o Museu de História Natural da Cidade do México. Peço licença poética para fazer uma releitura de algo que li lá, de relance, na entrada do complexo. Era mais ou menos assim: "Por meio de intercâmbio se dá a evolução". Achei isso poderoso e acredito que se aplica perfeitamente aqui. A evolução só acontece quando *eu assumo o meu papel* e deixo que os *outros assumam* também. Na totalidade e verdade, nas diferenças e semelhanças. Assim nos completamos e crescemos.

Guarde essa ideia porque, no próximo capítulo, abordaremos como a sintonia com o plano divido pode ser alcançada a partir do momento em que você assume quão grandioso é.

AO NÃO NOS
CONECTARMOS
COM NOSSA
FONTE ESPIRITUAL
INTERNA,
ACABAMOS
ABRINDO PORTAS
PARA QUE AS
ADVERSIDADES
SE INSTALEM.

# 02.
## ASSUMA A GRANDIOSIDADE DE SER QUEM VOCÊ É: A SUA CENTELHA DIVINA

Se você já assistiu aos filmes *O advogado do diabo*[11] e *Matrix*,[12] sabe que somos testados o tempo inteiro para colocar à prova os nossos prazeres momentâneos. Existe também uma série que fala muito bem da dualidade do bem e do mal e dos testes que são impostos na nossa jornada. *The Good Place* conta a história de Eleanor, que por um infortúnio do acaso acaba morrendo e sendo enviada ao céu (o lado bom do além) por engano e, para que possa ficar lá, precisa aprender como se tornar uma pessoa melhor.[13]

Deixando de lado todos os spoilers para que você possa assistir, esses três exemplos são ótimas oportunidades de entender como as armadilhas da vida aparecem para todos, independentemente de gênero, idade, preferência política ou lugar de nascimento. E elas não estão na nossa vida para nos castigar, culpar ou fazer sofrer. Elas têm como objetivo nos aprimorar como seres humanos, nos elevar, melhorar a nossa consciência e a nossa frequência energética, para que possamos atrair uma nova realidade.

---

[11] O ADVOGADO do Diabo. Direção: Taylor Hackford. EUA: Regency, 1997. Vídeo (145 min). Disponível em: www.primevideo.com.br. Acesso em: 22 nov. 2024.

[12] MATRIX. Direção: Lilly e Lana Wachowski. EUA: Silver Pictures, 1999. Vídeo (136 min). Disponível em: www.primevideo.com.br. Acesso em: 22 nov. 2024.

[13] THE GOOD place. Criação: Michael Schur. EUA: NBC, 2016. Série exibida pela Netflix. Acesso em: 22 nov. 2024.

*Eu respeito o caminho que você seguir.*

Grandes pessoas passaram pela história e atingiram níveis elevados de consciência ao evoluir. Também conhecidos como avatares ou mestres, esses ícones chegaram a patamares de maturidade espiritual que vão além do que estamos acostumados e nos mostram o caminho a ser seguido. O próprio Bert Hellinger foi uma dessas pessoas que mudaram a história. Ele alcançou um nível tão elevado de consciência que ficou conhecido como um dos grandes mestres da nossa época. Porém, se você acha que esse feito está distante de você, saiba que não.

Muitas pessoas acreditam que se iluminar é um processo apenas para gurus, sacerdotes ou aqueles que vivem em reclusão, mas isso não poderia estar mais longe da realidade. O fato de estar buscando conhecimento sobre o assunto já te coloca um passo mais perto da iluminação e de um nível avançado de consciência. Você tem uma oportunidade única nas mãos, e a maneira como decide mudar hoje é o que determinará o seu futuro a partir de agora. Isso não significa que você não será testado, como expliquei no início do capítulo. As adversidades aparecerão, porém, você entenderá que é grandioso e que pode encontrar as respostas dentro de si para tomar posse do seu verdadeiro eu, que elevará a sua consciência e mudará a sua jornada. "Como fazer isso, Simone?" É disso que falaremos a partir de agora.

## A CHAVE DA CONSCIÊNCIA É A AUTORRESPONSABILIDADE

Do mesmo modo que não há vida sem água ou sem a presença de luz solar, precisamos assumir a responsabilidade pelo caminho que estamos seguindo e pelo que tem acontecido conosco. Autorresponsabilidade e evolução espiritual são indissociáveis. A frase em inglês *"there is no such thing as a free lunch"* ("não existe almoço grátis", em tradução livre) expressa perfeitamente essa ideia.

*Eu respeito o seu destino.*

Infelizmente, vejo que muitas pessoas buscam a espiritualidade apenas quando envelhecem ou passam por dificuldades mais sérias, como problemas de saúde graves e irreversíveis. Depois que os obstáculos são superados, essas pessoas param todo e qualquer esforço que estavam fazendo para evoluir. Deixam de buscar a melhoria pessoal, param de fazer terapia, de meditar e buscar o aperfeiçoamento. Como sempre gosto de citar, voltam ao mundo da televisão aberta, *streaming* ou internet, ao entretenimento vazio que não agrega valor algum ao ser humano.

**O conhecimento espiritual precisa fazer parte da sua jornada.** Ele é a essência que o levará à evolução. E, lembre-se: não existe nada mais importante do que isso. Você precisa, sim, cuidar do seu corpo, da sua saúde, mas deve ir além e buscar a evolução da sua consciência a partir de uma espiritualidade avançada. Para chegar a esse estágio, você precisa, entre outras coisas, parar de responsabilizar pessoas e situações externas pelo que acontece com você. Sei que pode parecer difícil internalizar isso neste momento, mas este é o primeiro passo para assumir a grandiosidade que existe em si.

Na Índia, pelas minhas vivências, pude perceber que a espiritualidade é vista como algo natural e inerente à população. Desde a infância, as pessoas conhecem a própria alma e são estimuladas a se nutrir dessa realidade mais ampla para que possam avançar. No Ocidente, esse movimento não é tão constante. Muitas vezes somos incentivados a olhar para o que está fora, sejam situações, pessoas, religiões, médicos, terapeutas ou dogmas, para que possamos nos encontrar. É como se não existisse o "eu completo" sem os adornos da sociedade, independentemente de quais sejam. Nunca nos sentimos completos por sermos apenas nós mesmos. Não nos bastamos.

*Eu sigo a minha vida com o que é meu.*

A verdade, contudo, é que o caminho para a autorrealização exige esforço, o que não quer dizer necessariamente sofrimento. Captou a ideia aqui? É preciso esforço positivo de conquista e passos conscientes em direção à luz, à iluminação que existe dentro de nós, começando pela autorresponsabilidade. Só assim poderemos melhorar as nossas questões pessoais e profissionais, pois é a partir da autorresponsabilidade que conseguimos entender verdadeiramente o que está acontecendo e mudar esse cenário.

### OLHE PARA O SEU PONTO CEGO

Você já ouviu falar dos pontos cegos do carro? Esses espaços são como faixas em que o campo de visão é obstruído. Podem ficar nas colunas laterais do automóvel ou em pontos em que o motorista não consegue ver o que está refletido no retrovisor. Na vida acontece o mesmo. Muitas vezes, por uma questão de desordem ou emaranhamento, não estamos enxergando os verdadeiros problemas que nos impedem de avançar. A nossa visão está prejudicada ou distorcida, fazendo com que a verdade fique oculta. Precisamos mudar isso. Mudar a posição da nossa cabeça para que possamos enxergar o que está no ponto cego da nossa existência. Só assim conseguiremos evoluir.

**UM DOS PRIMEIROS FATORES QUE PODEM ESTAR EM PONTO CEGO, E POR ISSO TRAVANDO VOCÊ, É O FATO DE QUE O NOSSO CORPO INTERAGE COM O INCONSCIENTE PESSOAL E COLETIVO POR MEIO DE SINTOMAS, TRAUMAS E DOENÇAS QUE NOS AJUDAM A TOMAR CONSCIÊNCIA E EVOLUIR. PARA SE LIBERTAR E ABRIR ESPAÇO PARA O NOVO, PARA A FELICIDADE E REALIZAÇÃO, VOCÊ PRECISA TOMAR CONSCIÊNCIA DOS SINAIS APRESENTADOS.**

*Eu sigo para a vida.*

Há alguns meses, recebi uma notícia que me desestabilizou. Uma pessoa da minha equipe decidiu pedir demissão. Quando me contou, senti figurativamente como se tivesse recebido uma pancada nos olhos. Algumas horas depois, sem ter encostado nos meus olhos, senti que estavam irritados, e era possível ver que pequenos vasos sanguíneos estavam aparentes. Procurei um médico, que me passou um tratamento, indicando que depois de sete dias não teria mais nada. Três dias depois, estava melhor. É claro que fiz o tratamento e isso influenciou positivamente no resultado, mas, como gosto de sempre olhar além, sei que a minha tomada de consciência do motivo pelo qual aquilo estava acontecendo comigo fez toda a diferença no processo. Aquela situação do trabalho estava me deixando desconfortável, e o meu corpo respondeu àquilo. Esse movimento de consciência do porquê fez com que o meu corpo agisse mais rapidamente para reverter os danos emocionais causados. E assim melhorei.

Tomar consciência dos pontos cegos significa alcançar clareza profunda do que se passa em nossa vida e refletir sobre as razões por trás de cada situação. Muito mais do que isso, é entender que existem lições que precisamos aprender, e elas, muitas vezes, aparecem em formato de provações e adversidades que devemos superar. Não somos capazes de mudar o passado, mas podemos entender, aceitar e ver que tudo o que aconteceu foi necessário para o nosso crescimento. O que ficou para trás deve permanecer lá. Querer mudar o passado vai contra a ordem espiritual que diz que a vida traz lições importantes para o nosso desenvolvimento. Lembre-se: tudo aconteceu exatamente como deveria acontecer.

Fazer esse movimento de aceitação é, entre outras coisas, um processo de abraçar a própria sombra e tirar a flor de lótus do limbo. É encontrar uma luz, mesmo que pequena, em meio à escuridão.

*Eu sigo para a vida com alegria.*

Isso é evoluir e desenvolver consciência. É olhar para dentro de si e encontrar as respostas. Ao negar as suas sombras, você está também fazendo com que elas o persigam para que você pare de ter medo de ser *humano* e *imperfeito*. A vida colocará à sua frente algumas provas, e o seu ponto cego ficará exposto. Nesse caso, você pode escolher *aprender* ou *resistir*. O que você escolhe?

Não se esqueça de que cada evento é um portal para que você possa experimentar algo novo. Nas nossas conversas pessoais, Bert sempre dizia que cada término marca o começo de algo novo e necessário. Vivemos caminhando para fins e começos diferentes aos quais não podemos resistir. São novas formas de viver, de olhar para a vida e de enfrentar o sofrimento. Muitas vezes será difícil entender, assim como foi para uma pessoa que constelei na Europa.

Ela chegou dizendo que havia perdido muitas pessoas da família e não entendia o porquê. No sistema familiar, só havia restado ela. Na constelação, vimos que este era justamente o ponto cego da vida dela: o desapego de pessoas próximas. Quanto mais lutava contra aquilo, mais longe ela estava do próprio desenvolvimento espiritual. Aquilo que acontece com muita força na nossa jornada precisa ser aceito como transcendência dos nossos pontos fracos. Guarde isso para você!

Muitas vezes, repetições de doenças na nossa árvore genealógica são indícios de que precisamos olhar com autorresponsabilidade para o que está acontecendo. O problema que – em tese – está em você, na realidade, está na alma da sua família. Está na sua consciência familiar, que está emaranhada em algo que você desconhece, mas que atua no seu ecossistema, como se fosse algo seu. E, espiritualmente falando, é seu, uma vez que não entramos na nossa família por acaso.

*Eu sinto muito.*

Sendo assim, Bert descobriu que só podemos dar um passo em direção à evolução quando olhamos para tudo o que já passou com *amor* e *respeito*, quando nos colocamos no nosso lugar hierárquico e menor perante os que vieram antes de nós. Fazer isso fará com que você tenha menos arrogância, faça menos julgamentos e evolua em direção ao fluxo do plano divino.

É com um olhar gentil para os nossos pais, avós, irmãos e todos aqueles que fizeram parte da nossa jornada, como professores, genros, noras, sogras, sogros, chefes, empresas, funcionários, perpetradores, amantes, namorados, maridos, que podemos seguir em frente, mais completos e mais leves em relação ao futuro. Sei que isso pode causar dor aí dentro, até porque não conheço a sua história e pelo que você passou, porém preciso que leia com carinho e tente entender qual é a lógica aqui.

Sair das dinâmicas ocultas que atuam na nossa vida e na nossa família exige de nós a responsabilidade de entender que para tudo há um motivo. Se queremos ser heróis ou heroínas, não devemos pegar o peso do Universo para nós. Precisamos apenas aceitar que algumas coisas aconteceram porque precisavam acontecer. Que tal respeitar o destino e o que aprendemos com ele? Feche os olhos por alguns momentos e internalize isso.

## BUSQUE SOLUÇÕES COM CRIATIVIDADE E AMOR

Abster-se de julgamento pode ser uma bênção. Saber demais abre portas para o julgamento e a arrogância. E por que continuamos julgando e nos comportando assim? Em primeiro lugar, porque queremos controlar tudo e não percebemos que é por meio das diferenças que podemos ser maiores. Depois, não suportamos a dor do outro e, por não sabermos como ajudar, julgamos. Muitas vezes,

*Eu sou 100% responsável pelas minhas escolhas.*

julgamos também porque, no nosso interior, somos iguais, e não aceitamos isso. Ou então porque os defeitos e as dificuldades do próximo amenizam os nossos próprios defeitos e dificuldades. A realidade, contudo, é que muitas prisões cármicas acabam se estabelecendo quando julgamos e apontamos. Sabe como você pode parar de fazer isso? Enxergando a dor do outro e buscando soluções amorosas e criativas para a sua vida.

Em um primeiro momento, quero que tente identificar como o julgamento pode estar instalado dentro de você. Depois, quero que você olhe para a sua vida com olhos de responsabilidade, para que possa ter uma postura mais amorosa e leal em relação à própria história. Chega de olhar para a vida do outro. A solução de tudo sempre está em você. É hora de olhar para você. É preciso se colocar a serviço da solução sem levantar bandeiras do que é certo ou errado, sem tomar partido. Sei que esse pode ser um grande desafio, mas é preciso praticar esse movimento que passa longe das críticas para evoluir. Ao se exercitar nesse sentido, aflorará a criatividade dentro de si. E essa é a chave!

Ao aflorar a criatividade, você exerce o seu verdadeiro talento. Não tenha medo disso e de ser quem é. Na natureza, fica muito claro como cada elemento honra aquilo que verdadeiramente nasceu para ser. Um tigre não se nega a ser um tigre, enquanto a flor de camomila não se nega a empregar os benefícios medicinais que tem, como acalmar e melhorar a digestão. Assim deve ser a sua vida. Você não pode ter medo das funções que nasceu para exercer aqui na Terra. Você nasceu para ter autoestima, ser seguro de si mesmo, alegre, feliz e realizado. Nasceu para ter a oportunidade de viver e evoluir, de aprender com os erros e acertar para seguir em frente.

A vida quer – e espera – o nosso próximo passo em direção à evolução. Quando passamos por situações inesperadas, sem poder

*Eu sou 50% responsável.*

compartilhar ou sem poder pensar em soluções viáveis, ficamos paralisados no tempo e no espaço até que possamos nos movimentar e sair disso de modo criativo. O brasileiro é um exemplo maravilhoso de como a criatividade pode ser usada a favor da própria história. Somos muito bons em pensar em soluções criativas em momentos de aperto. Temos uma imaginação muito poderosa e utilizamos isso a nosso favor.

Se você ainda não usa a sua criatividade, é possível mudar isso agora. Quer um exemplo? Talvez você tenha sido ridicularizado durante o período escolar porque fez uma pergunta estranha em sala de aula. Como consequência, é possível que carregue na vida adulta o medo de falar em público. Até já tentou reverter isso em algum momento, durante a faculdade, por exemplo, porém sempre fica paralisado, não consegue se expressar bem e acaba voltando àquela memória ou se sentindo muito mal nessas situações. Pense nessa lembrança ou em qualquer outra que pode estar aí guardada dentro de você. Para resolvê-la, quero que tenha uma ação *acolhedora, certeira, sincera* e com *sentimento*.

Para *acolher* essa memória e iniciar um processo de cura, você deve ajudar a criança que perdeu a segurança em si mesma: você! Para fazer isso, feche os olhos e se imagine, já adulto, abraçando e protegendo essa criança. Depois, para que possa ser *assertivo* e *sincero*, quero que imagine a sua versão adulta mostrando para a criança que sofreu que está tudo bem errar e acertar, já que somos todos vulneráveis e isso faz parte da vida. Por fim, lide com os *sentimentos* que surgirão. Sinta-se bem com esse movimento de solução, imagine-se resolvendo essa questão ou agindo de maneira diferente. Imagine a sua criança resolvendo isso de modo criativo.

*Eu sou como você.*

Assim, lembre-se de que todos nós somos importantes para a vida, então tenha coragem de assumir os seus talentos, eleve a sua presença de espírito e esteja aberto à consciência que está nascendo dentro de você.

## A SERVIÇO DA HUMANIDADE E EM DIREÇÃO À FELICIDADE

Há alguns anos, tive a oportunidade de conhecer o Vale do Silício. Apesar de amar viajar, confesso que fiquei um pouco receosa porque, dentro de mim, carregava uma imagem um pouco distorcida de lá. Ainda assim, fui com o coração aberto, visitei muitos espaços e, ao retornar, estava impressa na minha alma a seguinte frase: nunca vi tantos anjos milionários em um só local. Talvez pareça um tanto pretencioso trazer isso dessa maneira, mas é a mais pura verdade que ressoa no meu ser. Ali, encontrei seres que estão verdadeiramente a serviço da utilidade mundial. E isso vai além do dinheiro, pois ele é apenas um facilitador desse processo. Em outras palavras, conheci muitas pessoas que estão ali para *servir*. **Na hierarquia espiritual, quanto mais você sobe, mais você serve.** Essa é a lógica, e ela deve ser internalizada a partir de agora.

Um exemplo dessa dinâmica aconteceu no meu programa de rádio. Ao longo dos anos, recebi muitos convidados. Certo dia, recebi uma pessoa que estava muito ansiosa. Antes de começarmos, ela perguntou quantas pessoas ouviam ao programa, e respondi que eram aproximadamente 60 mil. Em choque, ela se alterou e falou que não tinha coragem de iniciar o programa e falar para esse número de ouvintes. Paralisou. Veja: qual é a diferença entre falar para mil ou 10 mil pessoas? Para 50 ou 100 mil pessoas?

*Eu sou pequeno, e você é grande.*

Não existe diferença. No caso do meu convidado, ele nem estava vendo a audiência, contudo, caso estivesse, precisaria assumir a grandiosidade de quem era e executar aquela tarefa. Ao se colocar conscientemente disponível para trabalhar para o todo, seja lá qual for essa ação, saiba que a vida começará a fluir. Ao falar "sim" e se colocar à disposição com amor para algo maior, não será mais trabalho, será um presente. Isso é servir.

Você pode imaginar quantos anjos estão nos servindo agora, neste momento? Olhando para a sua história, você sente que está aqui para servir? Ao internalizar isso e buscar a ideia de que é um ser que nasceu para servir, você fluirá com a existência do Universo e atrairá tudo o que há de melhor para si. Com isso, vai aprender a viver o presente. Em vez de viver pelo amanhã, que tal viver o agora? Que tal parar de olhar com tanto detalhamento para os planos e aproveitar o que tem hoje?

Esse movimento nos tira da dualidade que comentei anteriormente, nos tira de uma visão distorcida do mundo. Então quero que aqui e agora você fale "chega". Chega de viver uma vida baseada em medos, carências ou baixa autoestima. A partir de agora, quero que você firme um compromisso consigo mesmo de assumir a sua grandeza espiritual e os seus talentos, para servir sem olhar a quem. Se você não conheceu a prosperidade na sua família, chega de julgar os que são prósperos. Se viveu em uma família que não expressava bem o amor, traga isso para a consciência e mude essa história.

Somos seres vivendo uma experiência extraordinária, e assim também são todos os que vieram antes na nossa família. Ninguém viveu somente momentos de dor. Então olhe para trás e veja a força deles. Perceba que essa força é passada adiante e chegou até você.

*Eu agradeço a você.*

**Os nossos antepassados não querem que tenhamos o mesmo destino que eles, não querem que o que passaram tenha sido em vão, não querem ser vistos como fracos ou pequenos.** Querem ficar em paz com a própria história e, para isso, precisam receber o nosso olhar de gratidão e apreciação.

Quando olhamos para a grandiosidade do que eles viveram e foram, podemos olhar para a nossa grandeza e todo o potencial que temos. A nossa história não será melhor ou pior, será o que é possível, com mais leveza e mais alegria. Aceitar isso é se desenvolver espiritualmente. É uma mudança que exige um trabalho interno, é um aprimoramento pessoal que nos coloca mais perto do nosso eu verdadeiro.

**POR ISSO, BUSQUE O EQUILÍBRIO. NÃO POR MEIO DO CONTROLE, DO JULGAMENTO E MUITO MENOS TENTANDO MUDAR AS PESSOAS. BUSQUE O EQUILÍBRIO A PARTIR DO AMOR VERDADEIRO E DA CONSCIÊNCIA DE QUE DENTRO DE VOCÊ EXISTEM TODAS AS RESPOSTAS DE QUE VOCÊ PRECISA. E ONDE COMEÇA A MUDANÇA? DENTRO DE VOCÊ. ACEITE *O QUE* E *COMO* ACONTECEU, INICIE UMA NOVA HISTÓRIA. VOCÊ PODE E CONSEGUE, EU SEI DISSO.**

*Eu agradeço a você pelo tempo que passou.*

### Exercício

Para fecharmos este momento tão precioso, quero propor um exercício. Diga para si mesmo:

*Eu estou de acordo com a vida. A vida precisa de mim.*

*Eu me entrego à minha existência com tudo o que ela exige de mim, conectada a um plano divino.*

Repita essas frases de olhos fechados e sinta isso na sua alma. Pense em tudo o que falamos neste capítulo, em todo aprendizado e em como você é merecedor da felicidade verdadeira e da consciência que está em construção.

A seguir, anote como se sente.

# 03.
## DESPERTE O SEU EU REAL!

O processo de despertar para o nosso eu real passa por alguns pilares que são fundamentais para que você avance para os próximos passos. Envolve a necessidade de entendermos o nosso lugar nesta existência e buscarmos constantemente o aprimoramento e a consciência para que possamos ser melhores e estarmos em conexão profunda com a espiritualidade. Em outras palavras, a realidade é que precisamos espiritualizar tudo na vida, isto é, ver os sinais que nos são dados e o que acontece conosco como parte do nosso desenvolvimento como seres humanos. Saiba ler os sinais, saiba sentir e ler o Universo.

Em meados de 2019, tive a oportunidade de conversar com uma mãe que se considerava ateia, ou seja, não acreditava em Deus. Ela estava no hospital, acompanhando o filho que havia tentado cometer suicídio. Quando fui chamada, senti que existia um medo de que eu abordasse o assunto da espiritualidade com ela, uma vez que relatava não acreditar em nada. Quando a cumprimentei, senti que existiam muitas dores guardadas e, ao conversarmos, vi que ela estava em um processo de chorar a dor que sentia pelo filho; ao mesmo tempo, também estava colocando para fora todas as dores que sentia dentro de si.

Ela contou problemas da infância, a dificuldade da perda da mãe e do irmão. Para mim, ficou claro que ela estava "brigada" com Deus, com a própria espiritualidade. Com muito cuidado, expliquei que a espiritualidade não está necessariamente atrelada

*Eu dou a você um bom lugar.*

à religião, mas sim ao que acreditamos dentro de nós e como expandimos isso para a vida. Falei também que, pelo sofrimento que sentia com a perda da mãe e do irmão, ela estava fazendo um movimento que olhava apenas para a morte e deixava a vida de lado. Como os entes queridos foram tirados "muito cedo" de perto dela, vivia uma angústia muito grande, que estava causando desordem no sistema familiar.

Eu sei que perder alguém próximo dói, mas o que quero mostrar é como podemos olhar para isso a partir do prisma do aprendizado. Talvez esse movimento obrigatório de desapego seja algo que você precise passar, talvez a vida esteja tentando falar para você que não temos controle de nada. Vou além: talvez essa briga com a espiritualidade esteja o afastando ainda mais do seu eu real e verdadeiro.

Se você, leitor, vive ou viveu a perda de um ente querido, quero que saiba que não está sozinho. Mesmo que essas pessoas não estejam mais neste plano, existe um amor que vai além do amor que você dedicou a elas. Existe um Deus atuando, e precisamos cuidar das nossas emoções para não ficarmos apegados apenas ao que é negativo, pois isso nos afasta do nosso processo de crescimento. E não em termos de idade, pois somos almas gigantes desde o nascimento. Refiro-me ao crescimento espiritual pelo qual precisamos passar. Ao entrar nesse movimento de nutrição espiritual, você conseguirá viver com mais felicidade e plenitude.

Precisamos aprender a sentir amor, viver em comunidade com amor, porque assim vivem as tribos que conhecem o que é viver em comunidade. Estamos vivendo de uma forma individualizada, egoísta, e agora, na Era de Aquário, tema sobre o qual vou falar no futuro, vamos nos conhecer na nossa alma sabendo que essa individualidade é o autoamor que nos torna disponíveis para ver o

*Eu libero você.*

outro de alma para alma, sem limite de raça, sexo ou qualquer tipo de condição.

Se formos olhar a partir da lógica, é tudo uma questão de *como* olhamos para aquilo que nos acontece. Esse é o primeiro passo que nos coloca no caminho da busca pelo nosso eu verdadeiro. Eu passei – e ainda passo – por esse processo, e você também. Todos nós!

Kareemi, autora best-seller e palestrante, fala disso no livro *Viva com leveza*. Em determinado momento da vida, ela sofreu um acidente de ônibus em uma viagem e acordou no hospital sem um dos braços. Naquele momento, em vez de olhar para o que aconteceu e entrar em sofrimento, ela conta que olhou para o outro braço e agradeceu. Agradeceu porque ele estava lá, porque ela estava viva, porque a vida a havia presenteado com a possibilidade de continuar a história dela aqui.

> *Mas o que faz a vida parecer dura e difícil mesmo é justamente não conseguir olhar além desse "jogo de obstáculos". Não perceber que nos obstáculos podemos explorar todas as nossas potencialidades e usá-las a nosso favor de maneiras nunca imaginadas antes. Até que perceba isso, os pensamentos negativos vão continuar dominando e bloqueando você de experimentar uma nova e leve realidade de aceitação, na qual esse "jogo" muda de forma e fica muito mais parecido com uma estrada com vista para o mar (ou montanhas, se preferir). [...] Perceber que a vida é um constante movimento e que sempre tudo será como precisamos, torna tudo muito mais simples. Não somos nós quem definimos como tudo deve ser, é a vida, a existência, Deus,*

*Eu tenho medo.*

*ou no que você acreditar. Independentemente do nome que você dê, é algo muito mais sábio e poderoso que sabe exatamente do que precisamos, e como precisamos, para nos desenvolver e evoluir.*[14]

Ao entrar nesse movimento, diria que estamos aceitando verdadeiramente o livre-arbítrio na nossa vida. E a grande decisão que precisamos tomar é aceitar essa inconstância e imprevisibilidade do que nos acontece. Então, o que é o livre-arbítrio, afinal?

Pela definição do dicionário, é o "poder ou possibilidade de tomar decisões seguindo somente o próprio discernimento".[15] A partir de outra análise, é "o poder que cada indivíduo tem de escolher suas ações, que caminho quer seguir".[16] Para trazer à consciência um pouco do que acredito, tomo a liberdade de definir, além de tudo, o livre-arbítrio como algo que nos faz dizer "sim" para uma consciência mais ampla. É afirmar para o Universo que queremos crescer. É como sair na rua e ir em direção a um local, porém, dessa vez, em vez de andarmos sozinhos, estamos acompanhados do plano espiritual. Andaremos uma parte, ele andará outra, mas estaremos sempre juntos.

Muitos confundem essa ideia apenas com a possibilidade de fazer escolhas, mas digo que essa liberdade vai além. Ter livre-arbítrio é escolher se você quer se conectar com o plano espiritual,

---

[14] KAREEMI. **Viva com leveza**: e liberte-se do estresse, da ansiedade e da insegurança. São Paulo: Editora Gente, 2018.

[15] **LIVRE-ARBÍTRIO**. In: *Dicionário Aulete*. Disponível em: https://www.aulete.com.br/livre-arb%C3%ADtrio. Acesso em: 5 fev. 2024.

[16] LIVRE-ARBÍTRIO. *In*: Enciclopédia Significados. Disponível em: https://www.significados.com.br/livre-arbitrio/. Acesso em: 5 fev. 2024.

escolher como quer gastar o seu tempo, quais alimentos vai ingerir, como buscará o seu desenvolvimento, como fará para ser uma pessoa melhor diariamente. Ao não escolhermos, podemos estar dando espaço para o vazio existencial. E é justamente disso que queremos fugir.

Eu quero que você diga sim à pergunta sobre querer ver tudo o que está por trás da sua existência. Quero que decida sair de um lugar que privilegia a ignorância e peça ajuda ao plano espiritual para entender quem você realmente é. Quero que, por meio do seu livre-arbítrio, faça escolhas melhores e consiga ver a sua verdadeira essência de amor e realização. Esse objetivo precisa ser não apenas importante, mas também o maior que existe no seu coração. Para isso, esteja disponível para que tudo o que está aprendendo entre na sua alma e transforme você. Tome essa decisão agora!

**POSICIONE-SE COM CORAGEM DENTRO DE SI SOBRE O QUE QUER PARA A SUA VIDA E NÃO ABRA MÃO DE DESEJAR ALEGRIA, PAZ, AMIZADES SINCERAS, POSTURA HONESTA PERANTE O DINHEIRO, A PROFISSÃO, OS RELACIONAMENTOS SAUDÁVEIS OU ESTAR COM PENSAMENTOS E ATITUDES DE UMA FREQUÊNCIA DE VIBRAÇÃO MUITO ALTA.**

Com isso bem claro, chegou a hora de falarmos de outros planos e como eles nos influenciam.

## A INFLUÊNCIA DAS ERAS NA NOSSA VIDA

A verdade é que estamos vivendo uma transição para uma nova era, e sinto que é importantíssimo falar disso para que possamos tomar consciência de alguns pontos fundamentais.

*Eu tomo a vida de você, a totalidade, pelo preço que custou a você e a mim.*

Essas eras astrológicas são consequências do que é chamado de precessão dos equinócios, ou seja, fenômenos físicos que geram uma mudança gradativa e contínua no eixo da Terra. Simplificando, estamos falando da posição que o nosso planeta está ocupando em relação à posição do Sol no sistema solar. Como consequência, o nosso eixo apontará para uma constelação, que são os desenhos que ligam as estrelas ao formar figuras no Universo.[17]

Para muitos astrólogos, não existe uma data exata de definição dessa mudança e passagem de Era, até porque estamos em constante movimento. O fato, porém, é que estamos em um processo de mudança da Era de Peixes para a Era de Aquário.

Na Era de Peixes, que começou há aproximadamente dois mil anos, aprendemos muito por meio do sofrimento e da escuridão, da dor e do ato de morrer, para que pudéssemos ter outra chance de voltar e aprender com os nossos erros. Muitas transformações em relação à espiritualidade e à religião aconteceram nesse período. Peixes nos trouxe a compaixão pela história da crucificação de Jesus, mas não foi apenas isso. Outros grandes mestres das mais variadas áreas trouxeram um novo jeito de olhar para a vida.

A Era de Peixes, que nos definiu por tantos anos, foi um período de descoberta. A tecnologia e o desenvolvimento da humanidade são exemplos disso. Estamos muito mais desenvolvidos do que no passado. Tudo isso foi consequência da era da liberação cármica, de nascer e aprender por meio da correção, do julgamento e da dor.

---

[17] ERAS ASTROLÓGICAS: entenda a transição da era de Peixes para a era de Aquário. **NSC Total**, 2022. Disponível em: https://www.nsctotal.com.br/noticias/eras-astrologicas-entenda-a-transicao-da-era-de-peixes-para-a-era-de-aquario. Acesso em: 6 fev. 2024.

*Eu vejo você.*

Mas era necessário romper esse ciclo para que pudéssemos seguir em direção às novas etapas que a vida nos guarda, agora com mais equilíbrio e verdade.

O objetivo dessa nova Era que está começando é nos permitir aprender sem os véus que nos separam da grande verdade. Agora, conseguiremos olhar as informações em movimento sem entrar em um processo reativo e primitivo. Podemos fazer um movimento mais consciente e sábio, abandonando a ideia de que é preciso sofrer para aprender.

Se em Peixes vivíamos a dualidade da ciência e da espiritualidade, yin e yang, Ocidente e Oriente, em Aquário poderemos olhar para além disso. O certo e o errado poderão ficar para trás, e nunca estivemos tão perto de um grande salto quântico quanto o que vivemos agora. Na espiral de desenvolvimento da humanidade, faz todo sentido que essa mudança afete a nossa consciência e a nossa maneira de enxergar o mundo. Percebi isso por acaso enquanto conversava com uma pessoa da minha família.

Durante nosso papo, ela comentava para as filhas como sentia que a humanidade estava retornando aos costumes antigos, que eram mais sustentáveis. Antes, as mulheres utilizavam absorventes de pano, depois houve um boom de tecnologia que mudou tudo, e agora esse processo de consciência em relação à sustentabilidade está voltando a entrar em voga. Se pararmos para analisar, isso tem acontecido em todas as esferas: alimentos orgânicos vendidos a granel, leite em recipiente de vidro, descarte consciente de plástico e outros materiais recicláveis, materiais biodegradáveis, roupas mais sustentáveis como a nova tendência das lojas *slow fashion* e por aí vai. Hoje, ao não atentarmos a esses detalhes, não o fazemos mais por falta de opção, e sim por falta de consciência.

*Isto não tem nada a ver com você.*

Os exemplos são infinitos, e esse processo de transição está mudando a cabeça das pessoas. Não há mais como ficar para trás, não há mais espaço para o pensamento arcaico. Precisamos acompanhar o movimento das Eras e entender o que precisamos aprender para que possamos evoluir.

A grande decisão que temos que tomar é: querer ou não querer ter consciência. A tecnologia veio para nos ajudar e nos trouxe incontáveis opções para nossa evolução. Existem os inteligentes, que acham que sabem de tudo e buscam mais conhecimento. E existem aqueles que buscam sabedoria por meio da consciência e mudam a vida a partir disso. O que você escolhe? Ignorância espiritual ou consciência? Parece simples, mas é uma escolha diária. Posso garantir!

## O VERDADEIRO DESPERTAR PARA O EU REAL

Infelizmente, grande parte da vida é gasta tentando se encaixar em padrões predefinidos em vez de viver plenamente nossa verdadeira identidade. Eu experimentei isso em várias fases da minha vida: nos meus antigos relacionamentos, em processos de trabalho, em cursos. Quando entendi que era hora de parar de tentar me encaixar nesses locais que não me pertenciam, comecei a ver a vida com mais clareza.

Mais ou menos na metade de 2023, fiz um curso de autoconhecimento. A proposta era nos sentarmos em frente a algum dos colegas e falar das nossas preferências pessoais. Quando o meu parceiro começou o exercício, percebi que ele era muito tímido, falava pouco, não entrava em detalhes da vida pessoal e fiquei com muito receio de falar sobre mim. Por um momento, cheguei a pensar em seguir a mesma lógica e não falar tão abertamente da minha história.

*Me libere, por favor.*

Depois, em um processo de consciência e evolução, entendi que aquela era a versão que ele queria passar. Eu não precisava me adequar ao estilo dele. Sou quem sou, e as pessoas precisam conseguir lidar com isso.

Respirei fundo e, quando comecei a falar, não poupei palavras. Aquela pessoa que estava ali na minha frente era uma alma grandiosa e tinha meios para dar conta de quem eu sou. Sem máscaras, sem caixinhas, sem meias verdades. No dia seguinte, ele me chamou para fazer o exercício novamente, ou seja, todos os meus receios e medos eram infundados. Percebe como a vida é, muitas vezes, um processo de adquirir coragem para evoluir a partir do seu eu real, das suas decisões puras de coração?

Essa mudança de consciência é um processo pelo qual precisamos passar, nos manter atentos e nos dar a possibilidade de nos encontrarmos. Isso acontece, entre outros movimentos, quando passamos por um processo que chamo de *desidentificação*, que nada mais é do que olhar para tudo o que está ao redor e entender que não podemos ficar apegados aos bens materiais, às pessoas, aos traumas e ao que nos acontece. Precisamos nos desidentificar para que sejamos capazes de crescer e evoluir.

Assim, para despertar para o eu real, em primeiro lugar, você precisa entrar em um processo de maior desapego, como falamos anteriormente. Se você está acostumado a rezar e pedir bênçãos na sua vida, pode começar a pedir para olhar com clareza para tudo o que está à sua volta. Peça ao plano espiritual para ver Deus em tudo, para ver o mundo com mais realidade, para que os acontecimentos da sua vida tragam clareza e aprendizados à sua evolução, para que as decisões não sejam boas apenas para você, e sim para todos os que estão à sua volta. Essa é a diferença

*Muito obrigado(a) por tudo.*

entre uma pessoa comum e uma que caminha em direção ao seu eu real.

Muitas vezes, por acharmos que sabemos o que é melhor para a nossa vida, pedimos apenas o livramento das dores, sem enxergar os sinais que nos são dados. Ao enxergar Deus em tudo, você terá a oportunidade de cura para o que quer que esteja dentro de você no momento, pois irá além e verá que existe um processo de encaixe entre todas as coisas que estão no Universo, e isso não diz respeito apenas ao que queremos, ao nosso próprio bem, é algo que vai além! Isso é uma postura madura e espiritualmente evoluída.

Ao desenvolver essa percepção interna, você começará a ver a sua luz, agora com menos caos, menos dualidade, menos diferenças, com mais percepção, mais consciência e conexão com a espiritualidade. A constelação é um ótimo exemplo de um processo que nos faz enxergar essa verdade. Nela, acessamos o *campo mórfico*, definido por Rupert Sheldrake, biólogo, químico, escritor, palestrante e parapsicólogo, da seguinte maneira:

> *Na década de [19]20, animados por um espírito holístico, vários biólogos, trabalhando independentemente, propuseram uma nova maneira de pensar a respeito da morfogênese biológica: o conceito do campos morfogenéticos, embrionários ou de desenvolvimento. Esses campos seriam semelhantes aos campos conhecidos pela física, no sentido de que corresponderiam a regiões invisíveis de influência, dotadas de propriedades inerentemente holísticas, mas constituiriam um novo tipo de campo desconhecido pela física. Estariam dentro dos organismos e em torno deles, e conteriam*

*O seu tempo acabou.*

> *dentro de si mesmos uma hierarquia aninhada de campos dentro de campos – campos de órgãos, campos de tecidos, campos de células. À semelhança das enteléquias, os campos morfogenéticos atraem os sistemas em desenvolvimento em direção aos seus fins, metas ou representações contidos dentro deles próprios. Matematicamente, os campos morfogenéticos podem ser modelados em termos de atratores encerrados dentro de bacias de atração.*[18]

Simplificando, a teoria dos campos morfogenéticos pode explicar como se passa a "influência" do passado familiar para o descendente. Segundo ela, as informações vividas por membros da mesma espécie ficam armazenadas em um campo invisível, o campo mórfico, e o conteúdo dessas experiências fica acessível posteriormente para membros da espécie, não importando o tempo do evento ou se houve ou não contato entre esses membros. O aprendizado e a influência vêm pelo campo mórfico, e não pelo convívio e contato "pessoal".

Somos, portanto, pura informação. Somos o que recebemos de muitas gerações. Somos o próximo passo dado, a solução de olhar para o plano maior e ver com mais consciência, incluindo tudo e todos, sem olhar o quê ou o porquê, apenas agradecendo o que nos é dado. Fazer isso é entrar em um processo de ressonância com o plano espiritual; é desenvolver uma percepção interna que encontra a própria luz.

---

[18] CONSTELAR FLORIANÓPOLIS. Rupert Sheldrake e Campos morfogenéticos. **Constelações Familiares em Florianópolis**: Método de Bert e Sophie Hellinger. Blogue. Disponível em: https://psych-kconstelacao.blogspot.com/2015/03/rupert-sheldrake-e-campos-morfogeneticos.html. Acesso em: 4 jul. 2024.

*Obrigado(a) por ter me acolhido.*

Imagine um mundo em que cada um respeita o eu real do outro sem precisar competir ou reagir de maneira negativa. Imagine entrar em um processo de amor com o passado, o presente e construir um futuro diferente. Imagine assumir a sua verdadeira essência e poder transmitir isso para todos os que estão ao seu redor. Imagine aflorar isso de modo que não exista mais lugar para a raiva ou para fazer movimentos de agradar o próximo apenas pela vontade de ser amado. Esse é um movimento de entrega. E ninguém pode fazê-lo por você.

É UMA ENTREGA INTERNA QUE ACONTECE A PARTIR DO MOMENTO EM QUE VOCÊ ENTENDE QUE FOMOS FEITOS PARA VIVER BEM E FELIZES, INDEPENDENTEMENTE DO QUE NOS ACONTEÇA. PRECISAMOS RESPEITAR A ORDEM E A HIERARQUIA, E ASSIM DIREMOS "SIM" A TUDO O QUE O UNIVERSO TEM DE BOM PARA NÓS. VAI ALÉM DA PASSIVIDADE, É UMA MANEIRA DIFERENTE DE LIDAR COM O MUNDO E ENTENDER A PRÓPRIA EVOLUÇÃO. O MODO MAIS IMPORTANTE DE ESTAR VIVO É ESTAR EM PAZ.

**Desperte para o seu verdadeiro eu e você alcançará o que mais deseja na vida.** Feche os olhos por um momento e internalize tudo o que vimos até aqui elevando-se à altura de toda essa sabedoria espiritual ou Deus. Encontre-se com Deus agora. Como é esse encontro? Mostre para Ele o seu estado mais puro, como é vibrar nesse estado de pureza. Se você pode se mostrar assim para Deus, pode viver desse modo também. Não importa o que os outros digam ou façam, faça você a sua parte de vibrar na sua pureza de coração.

*Por favor.*

### Exercício

Uma das práticas que utilizo com consciência na minha vida é a meditação. Meditar é entrar no fluxo divino da cocriação e em sintonia com o plano espiritual. Ao meditar, você começa a surfar pela vida de modo mais alegre e criativo. E não existem amarras nem sistemas fixos.

Você pode escolher qual tipo de meditação se adequa melhor a você. Existem inúmeras técnicas e métodos. No meu caso, gosto de me sentar com a coluna ereta e respirar profundamente para esvaziar a mente dos pensamentos, deixando as informações chegarem e irem embora. Fecho os olhos, assumo para mim mesma que tudo vai passar e que sou uma observadora da existência. Internalizo que não controlo nada, e assim crio intimidade com o todo.

Quero que faça isso diariamente por pelo menos dez minutos. Escolha o momento que seja mais adequado e acrescente essa prática na sua rotina. Quando conseguir se sentir mais leve com esse exercício, aumente o tempo para vinte minutos diários. Essa atividade ajudará a ter mais consciência e aumentar a vibração ao seu redor.

# 04.
## AS ORDENS QUE REGEM A VIDA

Muitas pessoas acreditam que o amor basta para que possamos viver bem, mas, sozinho, ele não é suficiente. O amor é energia, e para que essa energia possa fluir na nossa vida, na área financeira, da família ou dos relacionamentos, ela necessita de *consciência*, ou seja, ela precisa de *ordem*, assunto sobre o qual falaremos a partir de agora. Sem a consciência das ordens, a sua vida não fluirá.

No livro *Ordens do amor*, Bert Hellinger diz que "a ordem precede o amor".[19] Essa é uma das frases mais importantes da constelação e é a essência do que ele descobriu, pois mostra que precisamos entender qual é o nosso lugar na família e na vida para termos força para atingir o estado mais profundo da nossa existência, que é permanecer neste planeta sendo felizes e plenos. Apenas nascer não basta. Não basta querer ficar vivo apesar de tudo o que a vida apresenta, é preciso ter consciência e postura espiritual para que esse caminho tenha um propósito.

Justamente por isso entramos em um processo de emaranhamento quando saímos do nosso lugar, carregando pesos que não são nossos e impedindo que o fluxo da nossa existência siga um caminho de realização. Quando estamos em ordem e agimos a partir do papel que precisamos desempenhar, o lugar dos nossos pares

---

[19] HELLINGER, B. **Ordens do amor**: um guia para o trabalho com constelações familiares. São Paulo: Cultrix, 2003.

*Por favor, deixe o meu destino comigo.*

também é visto e respeitado. Só assim seguimos um trajeto que privilegia o *respeito* e a *honra* do que estamos vivendo e do que todas as pessoas que viveram antes de nós passaram. Tudo começa com esse respeito.

Ao perder de vista essas ordens, a nossa vida começa a lidar com conflitos que geram as mais variadas consequências, assim como tudo o que vimos nos primeiros capítulos. Sabendo ou não, querendo ou não, gostando ou não, é preciso entender que pertencemos a um grupo, a um sistema e a uma família. E a constelação olha para todas essas consciências em que estamos inseridos, revivendo e reorganizando as situações que, em alguns momentos, aparecem de modo repetido na nossa jornada e precisam de movimentos específicos para que sejam colocadas em ordem.

Aqui veremos as três ordens do amor e as ordens da ajuda. Peço que leia com atenção, porque esse tema será fundamental para que você possa seguir adiante na tomada de consciência.

## AS ORDENS UNIVERSAIS

Segundo o que Bert nos ensinou, existem duas consciências que atuam na nossa vida: a consciência pessoal (individual) e a consciência coletiva (familiar). A primeira mostra como sobrevivemos e pertencemos ao ecossistema no qual estamos inseridos; a segunda fala da consciência familiar como um todo, tudo o que aconteceu com a nossa família e a influência que isso exerce na nossa vida. Pensando nisso, temos as *ordens do amor*: (1) pertencimento; (2) hierarquia; e (3) equilíbrio de troca.

*Por ora, eu fico mais um pouco aqui.*

## 1ª ordem: pertencimento

Para Bert, todos têm o direito de *pertencer*, ninguém pode ser excluído do sistema familiar, independentemente de quais sejam as situações ou os problemas envolvidos. Muitas famílias acabam deixando de lado pais ou familiares que têm problemas graves, como alcoolismo, doenças mentais, prostituição, abortos, filhos fora do casamento ou outras ações que acabam gerando desconforto para o núcleo. Essa exclusão é um movimento feito para que essas pessoas não "contaminem" o restante, porém, na prática, você precisa enxergar cada uma dessas situações como oportunidades de crescimento para o grupo familiar. Isso precisa ser visto fora do olhar moral ou de julgamento, longe de desculpas ou acusações.

Quando não colocado em prática, o pertencimento faz com que essas adversidades se repitam nas gerações futuras até que esse lugar de pertencimento seja visto e colocado em prática. Todos têm o próprio lugar e precisam ser vistos. Todos têm o direito de pertencer como são. Espiritualmente, a lei do pertencimento nos mostra que *somos todos um*. E essa visão só pode ser alcançada por grandes almas, porque deixamos de utilizar os erros do próximo como forma de extermínio e separação. Os erros e os acertos – tão comuns a todos nós – contribuem para o todo, assim como acontece na nossa vida e nos faz crescer.

Vamos imaginar uma situação específica para que você entenda essa ordem. Um homem foi excluído em uma geração anterior por alcoolismo. Quando isso acontece, segundo a primeira ordem do amor de Bert Hellinger, essa história se repetirá na próxima geração para dar lugar ao que foi excluído. O mesmo pode acontecer quando deixamos de falar de um suicídio por vergonha, quando excluímos familiares com problemas graves, como depressão e

> *Se eu ou os meus ancestrais causamos algum mal a você, eu sinto muito. Por favor, nos perdoe.*

esquizofrenia, quando deixamos de lado usuários de drogas, quando não honramos o lugar das pessoas dentro do nosso sistema pelos mais variados motivos. Em um sistema familiar, todos pertencem e têm o direito de pertencer. E tudo o que aconteceu precisa de um lugar de honra para que possa estar em ordem.

Muitas vezes, vemos as situações familiares se repetirem e pensamos: *Nossa, mas isso está acontecendo novamente conosco?* Quando deveríamos, na verdade, estar olhando para a raiz do problema, para colocarmos todos no próprio lugar de pertencimento. Lembre-se de que todos somos fortes e somos grandes almas perante o plano espiritual, então não existe fragilidade para o nosso potencial. Todos têm o próprio lugar em um sistema familiar, e você precisa dar espaço para isso, independentemente do que tenha acontecido.

Essa é uma ordem que nos leva a entender que, mesmo que os limites sejam necessários, o amor continua, apesar da situação. O amor é reconhecido além das circunstâncias. Sei que fazer isso – e internalizar – não é uma tarefa fácil, mas nesse Universo em que você caminha em direção ao aprendizado espiritual, a grande cura está em mostrar ao outro que ele *pertence*, que ele *faz parte*, que é *visto*, que tem *um lugar* no seu coração, que é *importante* para você.

Olhar para essa ordem é um caminho de cura para muitos problemas de saúde, familiares, interpessoais, empresariais e tantos outros que podem estar na sua vida. Olhar para quem está excluído do nosso sistema é uma atitude que nos leva diretamente ao amor, porque joga luz sobre a dor do outro. Não em formato de justificativa ou abstendo o indivíduo da própria responsabilidade, mas sim porque é um passo maduro em direção à consciência.

*Sim, papai. Sim mamãe.*

Sempre digo que, no plano espiritual, nada fica embaixo do tapete, então não podemos esconder nada desse plano. A evolução acontece a partir do momento que entendemos a importância de entrar em um estado de ordem interna e externa, ao propormos para a nossa alma que precisamos evoluir. Quando em desordem, essas situações ficam pesadas para carregar, difíceis de superar e geram feridas profundas.

Por isso, reconhecer a existência do outro é tão importante quanto reconhecer a própria existência. Todos somos imperfeitos, e aceitar isso e sua importância faz que o nosso coração fique tranquilo. Essa é a nossa essência, é o que está dentro do amor puro que podemos sentir na nossa alma.

## 2ª ordem: hierarquia

Para a hierarquia, existe a ideia de que os que vieram antes têm precedência sobre os que vieram depois. Isso significa, por exemplo, que se um filho assume o lugar dos pais, ele está em desordem, assim como filhos mais novos que assumem o lugar de filhos mais velhos. O princípio da hierarquia diz que precisamos agir sempre a partir do nosso lugar verdadeiro dentro de todos os contextos, na família, com amigos, em relacionamentos, no trabalho.

Por exemplo, se você é convidado pela primeira vez por um grupo de amigos que todo ano janta em uma pizzaria específica, mas você vai reclamando do local escolhido, você está desrespeitando a ordem hierárquica. Você acabou de chegar e já está querendo ditar regras sem nem ao menos considerar a posição de todas as pessoas que estavam ali primeiro. É claro que pode dar uma sugestão de outra pizzaria legal, mas não pode falar isso de maneira acusadora ou julgando o que foi feito até aquele momento. Você precisa assumir

*Tanto quanto é possível agora*

a sua posição hierárquica dentro do grupo para não colocar em desordem as leis que regem aquele núcleo.

A mesma desordem pode acontecer em empresas. Um dia, recebi um casal que é dono de uma rede de farmácias. Eles se queixavam de que, desde que os filhos começaram a trabalhar na empresa, as filiais começaram a ter problemas financeiros. Já a matriz, que era gerida exclusivamente pelos fundadores, estava tendo resultados maravilhosos. Perguntei como era a relação deles com os filhos e com as noras, e eles contaram que os filhos haviam estudado em escolas internacionais renomadas para aprender administração e que, desde o retorno ao Brasil, eles sentiam certa arrogância dos filhos perante a simplicidade dos pais. Disseram que se sentiam desrespeitados. Isso significa que os filhos não amavam os pais? Com certeza não. Contudo, a hierarquia estava em desordem pelo desrespeito que estava acontecendo em relação à história dos pais. Toda empresa precisa respeitar a hierarquia, todo cargo precisa respeitar essa ordem.

Tudo o que veio antes de nós precisa ser reverenciado. Hierarquia é olhar o que veio antes e dar espaço a isso para que possamos ter força a partir das lições aprendidas e do que foi vivido, com base nas realizações e nos dissabores. Com essa posição de ordem na nossa vida, as outras pessoas também poderão assumir as próprias posições. É como se recebesse com gratidão o que veio antes de você e deixasse de lado toda e qualquer dor que existe nessa hierarquia antecedente.

Vivemos em uma dimensão linear e, espiritualmente, a ordem de chegada é uma lei que nos leva a respeitar e agradecer pelo que veio antes, do jeito que foi, para que possamos seguir completos com o que nos foi dado. Nascemos no lugar certo, na família

*Sim, para tudo como foi.*

certa e com a história certa para o nosso desenvolvimento e para a nossa correção espiritual, ou seja, tudo aquilo que precisamos fazer de certo para garantir nossa evolução. A hierarquia nos faz compreender que, antes de nós, alguém acertou e errou para que pudéssemos seguir um fluxo existente, seja ele bom ou ruim. Esse fluxo começou antes de nós e será trilhado por aqueles que vierem depois também. O sucesso duradouro depende disso, de respeitarmos o que veio antes.

Muitas vezes, vejo pessoas vivendo o que costumo chamar de "síndrome do elástico invisível", pelo simples fato de não conhecerem as ordens do amor. Sabe aquele momento em que você sente que deu dois passos adiante e depois mais quatro passos para trás? Essa é a síndrome do elástico invisível. Isso acontece porque, enquanto você não agradece – principalmente aos seus pais – e não se coloca em uma posição "menor" do que eles, você será puxado para trás em cada avanço que tentar fazer.

Somos menores do que os nossos pais pelo simples fato de que eles nos deram a vida e jamais conseguiremos retribuir isso. Como consequência, muitas vezes sentimos um enorme vazio e culpa por tudo o que nos é dado. Precisamos entender que devemos receber a dádiva da vida que nos foi dada pelos nossos pais e apenas agradecer esse presente. Como um modo de retribuir, podemos escolher dar a vida aos nossos filhos ou devolver esse presente para a sociedade, contribuindo com ela a partir de um projeto social ou de algo que faça a diferença na vida das pessoas.

Em resumo, para a ordem hierárquica, é preciso respeitar os que vieram antes a despeito de como as situações aconteceram e contribuíram para que o presente seja como é. Se você veio depois, perante a hierarquia, precisa ser grato e se colocar na sua posição para que tudo volte a fluir a partir dessa ordem universal. Se você não respeita quem o criou, então, você não será respeitado. Isso nada tem a ver com moral, conduta ou julgamento, e sim com gratidão à vida que você recebeu, à maneira como ela veio. Ao entrar em uma relação afetiva desrespeitando os relacionamentos anteriores do seu parceiro, essa relação ficará enfraquecida.

Devemos, portanto, assumir o nosso lugar de direito. Você é o irmão mais velho? Assuma esse papel na hierarquia. É o irmão mais novo? Esteja nesse lugar. Leve esse ensinamento para os seus relacionamentos e para a sua vida profissional. Essa é uma maneira de dar lugar aos que vieram antes de nós com amor e humildade, e é um movimento essencial para o nosso sucesso em qualquer área da vida.

### 3ª ordem: equilíbrio de troca

No equilíbrio de troca, aprendemos espiritualmente que, para entrarmos no jogo da vida, devemos aprender a dar e receber na mesma proporção. Quando recebemos algo, sentimos a necessidade de retribuir, e essa compensação é normal. Porém, para que o equilíbrio seja saudável, essa troca precisa ser justa em todas as relações, com apenas duas exceções: (1) não podemos devolver a vida que recebemos dos nossos pais; (2) não podemos devolver os ensinamentos que recebemos dos nossos mestres e professores. Todas as outras relações, tirando os casos que comentei anteriormente, precisam ter equilíbrio de troca, algo como 50% dados e 50% recebidos.

A relação entre pais e filhos é anulada porque jamais teremos como retribuir a vida que nos foi dada. Por sua vez, ela pode ser retribuída a partir do momento em que temos um filho ou servimos

> *Tenho a minha mãe em mim. Tenho o meu pai em mim.*
> *Sou 50% composto(a) de cada um.*

a uma causa maior que devolverá à sociedade algo equivalente ao presente que é a vida, como já comentei. Caso você decida não ter filhos, pode se juntar a um propósito grandioso que equilibrará o Universo e fará bem à humanidade.

Apesar de parecer algo razoavelmente simples de ser aplicado, percebo muitas situações nas constelações em que o desequilíbrio de troca está presente. Isso acontece porque algumas pessoas acreditam que receberam pouco dos pais, acham que sua criação poderia ter sido diferente ou que não foi bom o suficiente. O oposto também pode acontecer: muitos querem se entregar demais aos pais, devolver o impossível, que é a vida, e ficam presos para sempre nessa dinâmica insustentável.

O psicólogo Joan Garriga Bacardi faz uma metáfora muito bonita sobre essa troca no livro *Onde estão as moedas?*, em que compara o que os nossos pais nos deram com moedas que são passadas para nós.[20] Temos duas possibilidades: ou entendemos que essas moedas são preciosas e nos ajudarão na nossa jornada ou renegamos as moedas e sempre achamos que elas não serão suficientes. Qual você escolhe?

Quando os filhos não conseguem reconhecer a vida que receberam como uma *dádiva*, buscam essa dádiva de maneira infantil em outras relações, o que leva ao fracasso financeiro e emocional e aos atrasos no desenvolvimento espiritual. Ao crescermos, precisamos entender que a troca acontece com *responsabilidade*. Quando oferecemos algo, não podemos nos sentir melhores ou arrogantes perante o ato de dar. Quando recebemos, apesar de nos sentirmos

---

[20] BACARDI, J. G. **Onde estão as moedas?**: a chave do vínculo entre pais e filhos. São Paulo: Sim A Vida, 2020.

*Teve que ser como foi.*

devedores do outro, agradamos e nos sentimos humildes querendo retribuir com mais. Assim, as relações se vinculam e se aprofundam. Em todas as formas de troca, devemos buscar um equilíbrio, isto é, devemos primeiro dar e depois receber.

Aprendi algo fundamental sobre dar e receber: essa dinâmica, quando acontece de modo equilibrado, nos vincula e dá oportunidade de nos aprofundarmos no amor de qualquer relação.

## Ordens da ajuda

Bert também ensinou as cinco *ordens da ajuda*, e peço licença para fazer uma releitura de todos os ensinamentos que envolvem esse tema: (1) pegar para si apenas o que for necessário e doar apenas o que se tem; (2) compreender quando é preciso agir ou se retirar; (3) jamais ocupar papéis que não são seus e ser autorresponsável com a sua vida; (4) ter um olhar do todo em relação às pessoas e às situações; e (5) respeitar e honrar a história de cada indivíduo que passar por você.

As ordens da ajuda contribuem para que o estado de equilíbrio se mantenha e para que possamos estar sempre em sintonia com o todo.

Agora que você já sabe quais são as ordens universais, está mais preparado para avançarmos. Ao aceitarmos o nosso lugar de hierarquia e darmos pertencimento a todos aqueles que fazem parte do nosso sistema familiar, estamos colocando a vida em ordem. Quando você equilibra as trocas das suas relações, promove a melhora no seu sistema. Como consequência, melhora também o sistema das próximas gerações e tudo o que está ao seu redor.

*Você continua a viver em mim.*

ENTENDER ISSO É CONSEGUIR VIVER UMA VIDA CONECTADA COM A PRÓPRIA ALMA, EVITANDO PROBLEMAS NAS RELAÇÕES COMO UM TODO, SEJAM ELAS FAMILIARES, DE AMIZADE, ROMÂNTICAS OU PROFISSIONAIS, E TAMBÉM COM A NATUREZA E COM O MUNDO ESPIRITUAL.

Muitas vezes, achamos que somos melhores do que Deus ao sentir pena de alguém. Inconscientemente, é como se estivéssemos falando: "Deus te abandonou, mas eu sei o que é melhor e vou salvar você dessa situação", quando deveríamos, na verdade, nos colocar em uma posição de entender que tudo o que acontece tem um motivo. Devemos, sim, estender a mão. Não devemos ser cruéis ou passivos diante de situações de desrespeito, entretanto a nossa postura perante às ordens é aquela que demonstra consciência de que podemos ajudar em sintonia com o plano divino. Isso, sim, fará diferença. Precisamos ter o coração aberto para a nossa evolução. Você tem a direção e o caminho, basta dar os passos necessários.

Desse modo, quero que você pare um momento e reflita sobre a sua trajetória. Alguma dessas ordens está em desequilíbrio na sua vida? Algo está fora do lugar? Você tem exercido papéis familiares ou profissionais que não pertencem a você? Tem estabelecido trocas equilibradas na sua história? Está honrando o estado de pertencimento dos seus familiares? Quando não aplicamos e ajustamos esses fatores, geramos o emaranhamento sobre o qual falaremos no próximo capítulo, e essas leis atuam de modo invisível na nossa vida, contribuindo com as possíveis adversidades que você tem vivido até então.

*Você é plenamente capaz de saber o que é melhor para você.*

### Exercício: a organização das ordens

Peço que você vá a um espaço confortável e silencioso para fazer este exercício. Pensando em todas as ordens que vimos aqui, responda as perguntas a seguir.

**1.** Você tem dificuldade para equilibrar o pertencimento na sua vida? Existem familiares que foram excluídos do seu sistema? Por quê?

.................................................................................................................
.................................................................................................................
.................................................................................................................
.................................................................................................................

**2.** Você tem dificuldade para equilibrar a hierarquia na sua vida? Quais situações ou contextos você sente que não estão em ordem perfeita?

.................................................................................................................
.................................................................................................................
.................................................................................................................
.................................................................................................................

**3.** Você sente culpa pelo dom da vida que recebeu de seus pais? Ou sente que está exigindo demais deles? Se sim ou se não, conte nas linhas abaixo por quê.

.................................................................................................................
.................................................................................................................
.................................................................................................................
.................................................................................................................

*Você faz parte.*

**4.** Em quais áreas da sua vida você tem sentido mais dificuldades? Olhe para essas áreas pensando nas ordens do amor e da ajuda e verifique se algo está em desordem. Anote a seguir e coloque reflexões sobre como é possível reverter esse cenário.

........................................................................
........................................................................
........................................................................
........................................................................
........................................................................
........................................................................
........................................................................
........................................................................

**5.** Experimente agradecer a vida. Somente ela, em total profundidade. Escreva a seguir palavras de agradecimento e as repita para si mesmo.

........................................................................
........................................................................
........................................................................
........................................................................
........................................................................
........................................................................
........................................................................
........................................................................
........................................................................

# 05.
## DESEMARANHAR-SE: SAÚDE E FINANÇAS

Entre todos os sentimentos e emoções que podemos vivenciar, na constelação familiar, temos como primários o *amor* e a *dor*. A partir deles, abrem-se incontáveis caminhos para tristeza, felicidade, surpresa, medo, ira, insegurança, orgulho, interesse, sensibilidade, vulnerabilidade, revolta, preocupação, entre outros. É fundamental entendermos o que estamos sentindo para permitir a evolução. Essa descoberta nos mostra o caminho, mostra o que estamos aprisionando, para que, assim, possamos buscar a chave do que nos prende.

Dessa maneira, neste capítulo e no próximo abordaremos possivelmente as partes mais importantes da nossa jornada. Vamos falar do emaranhamento e sobre como sair desse círculo vicioso que pode estar te impedindo de evoluir com consciência em direção à realização. Esse processo está diretamente conectado aos sentimentos.

Em primeiro lugar, porque entramos em um processo de emaranhamento muitas vezes por olharmos apenas para os sentimentos secundários, como mágoa, raiva, indiferença, crítica, vitimismo e julgamento, sem olhar para o sentimento primário, que é a dor ou o amor perante algo ou alguém. Depois, porque é preciso reconhecer a dor e o amor que estão por trás do que aconteceu, do que possivelmente não deu certo, do que não poderia ser diferente. É preciso olhar para esses cenários com consciência para crescer e aprender dentro da realidade da vida.

*Você não é o meu pai nem a minha mãe.*

O emaranhamento, em termos práticos, fala de como acabamos vivendo os mesmos dramas e dificuldades que a nossa família viveu, das histórias que se repetem na nossa trajetória e como carregamos esse entrelaçamento no nosso sistema familiar. Como comentei, não estamos na nossa família por acaso; entender – e respeitar – essa jornada faz parte da nossa melhoria contínua. Não olhar para esse fator é nos afastarmos de quem verdadeiramente nascemos para ser, é não viver a nossa própria vida e caminhar perdidos em direção ao vazio existencial. É deixar de lado o potencial de realizar a nossa missão.

O emaranhamento faz com que você se sinta conectado a algo muito grave ou doloroso que está na raiz da sua família. E isso acontecerá ainda que você não saiba o que seja. Para Bert Hellinger, somos parte de uma grande alma, e as gerações anteriores, do mesmo modo que nos passam as características físicas, influenciam-nos a partir das situações que se repetem. Não é castigo nem maldição familiar, é apenas uma desordem em relação à exclusão, à falta de hierarquia ou ao desequilíbrio de troca, assuntos sobre os quais entraremos em detalhes no Capítulo 6.

Então, mesmo que o amor seja o sentimento primário mais poderoso que existe, não é suficiente para manter o equilíbrio e nos prevenir do emaranhamento. É preciso que exista uma mudança de comportamento para que o amor possa ocupar o lugar verdadeiro dele. Por isso, faremos algumas reflexões capazes de ajudar na tomada de consciência em relação aos emaranhamentos que podem estar presentes na sua vida. Com essas reflexões, você será capaz de voltar para o seu lugar de pertencimento ao reconhecer a sua história e missão, dando importância para o que aconteceu antes na sua família e entender como isso contribui para o desenvolvimento de todos que estão ao seu redor.

*Você veio antes.*

E vale trazer um alerta: abordarei assuntos delicados. Para que possamos estar alinhados, espero que neste momento da leitura você já esteja atento e fora do papel de vítima, para que possa entender tudo o que colocarei aqui. Se não estiver aberto o suficiente, não entenderá a importância dos assuntos e fará interpretações equivocadas do que conversaremos. Ao se abrir para a consciência, conseguirá me acompanhar e transferir isso para a sua vida. Combinado? Abra os seus olhos e a sua consciência. Isso será fundamental para absorver esta jornada.

## SAÚDE

Em 2018, visitei um congresso de medicina integrativa no Rio de Janeiro e vi uma palestra muito interessante sobre experiências e pesquisas feitas com hortas projetadas com base na geometria sagrada. Para quem não está familiarizado com o assunto, a geometria sagrada é aquela que atribui significados simbólicos a determinadas formas geométricas e em como a energia envolvida nesses formatos pode contribuir para influenciar o que está ao redor.

Na palestra, vimos hortas construídas em formatos de mandalas e espirais, influenciadas por mantras ou cantos gregorianos, que são uma forma de música em latim, cujo objetivo é conduzir à meditação e à humildade, unindo os seres ao plano espiritual.[21] São projetos feitos em várias partes do mundo.

A palestra objetivava mostrar que tudo aquilo que era cultivado naquelas condições fazia brotar alimentos com um percentual de nutrientes mais elevado em relação a uma horta comum. Fiquei ma-

---

[21] SANTOS, Paula P. Canto gregoriano. **Infoescola**. Disponível em: https://www.infoescola.com/musica/canto-gregoriano/. Acesso em: 14 fev. 2024.

*Você vive no meu coração.*

ravilhada! A nossa interação consciente com a natureza nos conecta em todos os aspectos com o fluxo divino. Ao ingerirmos alimentos melhores, existe também a melhora do nosso corpo energético, ou seja, das vibrações que circulam à nossa volta, elevando a nossa saúde e a nossa existência. Nos sentimos mais completos, valorizamos tudo e somos valorizados.

Assim, falar do emaranhamento em relação à saúde passa por aquilo que está conectado ao nosso corpo. Ter saúde é diferente de ser saudável. Ser saudável significa ter energia, alegria e disposição para que o seu eu real possa se manifestar na sua essência e em conexão com o plano espiritual. Cuidar do corpo físico nos traz uma vida saudável, e isso é fundamental. E cuidar do nosso corpo energético faz parte do processo de *desemaranhamento* para que possamos evoluir espiritualmente. Não somos corpos separados, somos uma só pessoa, e dentro de nós existem inúmeras variáveis.

Cuidar do corpo nesta vida é fundamental, mas podemos sofrer agora determinadas condições por termos deixado de fazer isso em vidas passadas, e a frequência vibracional do órgão comprometido permanece conosco. Esse tipo de situação muitas vezes aparece na constelação como uma cirrose hepática que foi carregada de outras vidas ou um câncer relacionado a abortos anteriores. Esse resgate de consciência pode amenizar o que ocorreu ao se aplicar novos cuidados na vida atual. É uma distinção que vai além de idade, gênero ou qualquer outra diferença que exista entre os seres humanos e pode acontecer desde os mais velhos até os mais novos, assim como constelei certa vez um recém-nascido que chegou com a mãe.

A mãe trouxe a criança no colo e contou que o bebê precisava fazer uma cirurgia na garganta. Abrimos o campo mórfico para a

*Vocês são os acertos para mim.*

constelação e foi mostrado que, em outra encarnação, aquela criança havia envenenado o irmãozinho por ciúmes. Esse tema pode parecer muito delicado – e realmente é –, mas foi o resultado da constelação. Como solução para esse emaranhamento, coloquei o bebê para olhar o representante do irmão da vida passada, para que essa consciência aflorasse. Frases de cura foram ditas, e o bebê começou a chorar, o que me mostrou um processo incrível ao entender que, apesar de estar em um corpinho recém-nascido, a alma era grandiosa, poderosa e já estava pronta para ter consciência, independentemente da idade.

Trazemos desafios de outros tempos e situações desde crianças até a vida adulta. Bebês ou crianças, perante o plano espiritual, não são pequenos, são almas enormes e consciências plenas que têm conexão direta com a frequência familiar. Se considerarmos que tudo o que nos acontece ou aconteceu pode nos ajudar a crescer, todos estamos no caminho de volta para a frequência mais alta de amor que pode ser manifestada na nossa jornada.

As nossas atitudes mudam tudo, e é preciso considerar que doenças podem ser manifestações do nosso inconsciente, que está gritando para que seja visto. Podem ser interpretadas como maldições ou como saltos quânticos que nos levam à evolução. A escolha está com você, então sugiro que prefira estar no último caminho, evitando a rigidez de alguma crença que tenha dentro de si, evitando a estagnação e a visão limitada de si mesmo e do Universo. Essa atitude é um processo de se desemaranhar.

É claro que não posso deixar de comentar que a medicina é fundamental. Procure tratamentos e médicos sempre que for necessário, mas busque também aqueles médicos que têm uma visão mais ampla de cura e que vão além do problema biológico. Visões holísticas do que está acontecendo vão te ajudar a encontrar o seu processo de melhora.

No meu caso, prefiro sempre profissionais que têm uma visão mais antroposófica, envolvendo-me com homeopatas, naturopatas e a medicina germânica. Esta última fala dos princípios de cura descobertos por Ryke Geerd Hamer (1935-2017), médico, cientista e teólogo alemão que propõe que as doenças são respostas do organismo para se adaptar aos processos de estresse emocional.[22]

Hoje, a medicina germânica adota uma abordagem holística para o diagnóstico. Por exemplo, se alguém está com dor de garganta, essa prática busca entender quais conflitos internos existem na pessoa para que isso possa estar acontecendo. Pode ser um conflito de expressão, de culpa, de medo e desconfiança. A partir dessa análise, a medicina germânica tentará um tratamento que vai além de simplesmente tomar um remédio para melhorar os sintomas sem olhar para a causa. E isso é muito poderoso! Se combinarmos a medicina tradicional – que não pode jamais ser descartada – com outras técnicas integrativas, olharemos para o nosso corpo físico e energético.

Quero que você veja a sua biologia como um caminho para entender a desordem que causou a doença em você ou na sua família. A constelação familiar é um dos meios para isso, e a tomada de consciência começa agora, ao abrir os olhos para o autoconhecimento e para o que está acontecendo ao seu redor.

Chegar aos seus traumas ou aos de alguém da sua família faz crescer em você uma responsabilidade que vai além do seu próprio

---

[22] SAIBA tudo sobre a nova medicina germânica. **Educação Médica**, 2023. Disponível em: https://educacaomedica.afya.com.br/blog/tudo-sobre-a-nova-medicina-germanica. Acesso em: 14 fev. 2024.

*Eu dei demais a você e tirei a sua dignidade.*

ecossistema. Fazer isso é deixar de olhar para si mesmo como vítima do seu corpo e passar a retribuir pelo presente da vida com saúde e presença.

Muitas vezes, o processo de conversar com alguém, seja um amigo ou um psicoterapeuta, já é uma evolução por si só. O que não podemos é deixar o tempo passar para só depois enfrentarmos as nossas dores e o que está nos adoecendo emocionalmente. Não confunda a realidade externa com o que acontece dentro de você, e lembre-se de que a maneira como você lida com tudo o que acontece demonstra – ou não – harmonia e respeito por quem você é.

Frisando a questão da saúde, é importante entender que a conexão com a natureza pode ser vital no processo de cura. Por meio da aproximação com a natureza, sentimo-nos mais próximos da criação, da fonte de energia que nos governa. Estar em contato com a terra, com os ciclos da Lua, com o Sol, com a água e o ar puros, e com alimentos orgânicos é um processo que eleva a nossa saúde e nos faz seguir em direção ao desenvolvimento. É um fluxo que melhora a vida física e espiritual, pois nos coloca no centro de tudo e nos faz olhar para o que é importante, seguindo um caminho que não vai em direção à vida artificial que sempre nos rodeia. Focar apenas na vida externa e no "ter" gera um processo de esvaziamento interno. Muitas vezes, ter menos (ou escolher melhor) pode ser a melhor solução para o que estamos buscando.

E o nosso corpo sente tudo: o que está nos nossos pensamentos, o que carregamos na nossa história familiar e o modo como levamos a vida. Acredito que chegará um momento em que vamos olhar para o que fazemos com a natureza e com os animais e mudaremos essa história. Olhar com mais gratidão para tudo isso é um processo de cura, e você precisa ter essa consciência para evoluir.

*Por favor, mamãe.*

## FINANÇAS

Contei um pouco da minha história em alguns momentos deste livro, e existe uma parte sobre finanças que acho válido abordar. Em determinado momento da minha jornada, perdi tudo e adquiri uma dívida muito grande. Ainda não conhecia a constelação e me lembro de como essa situação mudou a minha relação com o dinheiro. Em algumas situações, a única solução é rir, e fiz isso porque não entendia de onde vinha aquela pancada ou como sair daquele caos. A verdade é que esse arrombo financeiro – e afetivo, diga-se de passagem – me fez cair na real, e hoje agradeço do fundo do meu coração por tudo o que aconteceu e pelo modo como aconteceu.

Mesmo com tantos problemas, tive grandes provas de que o plano espiritual estava ao meu lado. Verdadeiros milagres aconteceram, e vi naquelas situações a confirmação de que tudo estava ali por um motivo. Em determinado momento, com uma dívida alta, encontrei uma pessoa a quem eu havia emprestado dinheiro no passado para que cuidasse da saúde do filho. Não havia pedido aquele dinheiro de volta, perdemos o contato e nunca mais nos vimos. No período de dificuldades que eu vivia, reencontrei-a e ela me contou que o filho estava curado e que iria devolver a quantia emprestada. Na época, era um valor considerável, e no meu coração senti que, mesmo passando por dificuldades, eu deveria doar parte do que havia recebido. E assim fiz. Foi difícil, pois estava precisando, mas senti gratidão por saber que aquela era a coisa certa a ser feita.

A partir daquele momento, mesmo sem dinheiro, muitas coisas boas aconteceram na minha vida e me lembraram de que a prosperidade é possível em todos os contextos. Fui convidada para uma viagem à Amazônia com tudo pago, chamada para jantares e festas importantes em que não precisaria desembolsar nada e estaria em contato com pessoas incríveis. Ganhei convites para peças de teatro e recebi propostas de pessoas que queriam pagar com antecedência as entrevistas que eu fazia na rádio Vibe Mundial para o programa *Virando a Página*.

A prosperidade vinha nas pequenas coisas que eu recebia. Assim, segui a minha jornada até finalizar o pagamento da dívida, e como lição, percebi que preciso doar 10% de tudo o que recebo como forma de gratidão. Desde aquele momento, nunca mais me faltou nada. Não importa para o que você está doando, desde que sinta no seu coração que é o certo a ser feito. Isso é gratidão e confiança, e muitos não percebem como o dinheiro é uma forma de energia que transparece o que sentimos dentro de nós.

A verdade é que, apesar de o dinheiro parecer ser a coisa mais material que existe além do nosso corpo físico, ele é afetado energicamente pelo nosso campo. É uma energia neutra que responde de acordo com a maneira como nos conectamos com ele. Assim como o nosso carro, a nossa casa e o nosso corpo são expressões claras de quem somos e do que gostamos e sentimos, o nosso dinheiro segue a mesma lógica e escancara a nossa realidade interior.

Recebo para a constelação muitas pessoas com problemas financeiros. O que elas não veem é que o sucesso – ou insucesso – financeiro está relacionado à gratidão que sentimos pelos nossos pais ou por processos de traumas e dor que aconteceram na nossa história, como mortes, perdas, guerras e tristeza. Famílias que vivenciaram situações muito trágicas não olham para a vida ou para o dinheiro, só olham para o que perderam e para a dor que isso causou. Além desses fatores, existe a culpa que alguns sentem por receber. E isso causa emaranhamento.

*Eu preciso de você.*

Quem consegue adquirir a percepção profunda de gratidão pela vida que tem, por tudo o que recebeu dos pais, mesmo diante das dificuldades, consegue se manter a partir do próprio esforço e olhar para o futuro com prosperidade. Em muitas das constelações cujo tema era finanças, Bert falava algo como: "Que bom que a perda foi apenas financeira". Isso porque o dinheiro é um grande teste de alma. Ao usarmos o dinheiro com arrogância, desrespeito ou prejudicando o próximo, as consequências são certas. Assim, perdas grandes são alertas de desequilíbrio que precisam de atenção.

Em outro momento da minha vida, comecei a receber inúmeras multas de trânsito. Em uma semana, chegaram várias, assim como na seguinte. Eu não entendia o que estava acontecendo, mas decidi analisar aquilo para tomar consciência do processo. Como resultado, vi que estava em uma fase muito crítica comigo mesma e julgava muito a mim mesma e aos outros. Enquanto estamos julgando alguém, não vemos o valor daquela pessoa. É como se você se empobrecesse. Percebi essa postura, ajustei o que estava errado e fiquei vários anos sem receber nenhuma multa. Por isso digo que a vida nos manda sinais para que possamos analisar o que está acontecendo.

A forma de trocar a energia do dinheiro é fundamental, é uma energia que flui através de nós e mostra como estamos vivendo a nossa existência. O dinheiro é um reflexo interno de quem somos e um espelho de coisas que precisam ser alteradas no nosso comportamento, pensamento e em nossos sentimentos. Para mim, o dinheiro, além de ter um papel importante na doação e na melhoria do mundo, deve ser usado para promover alegrias, como viagens, cursos, conhecimento, saúde e sorrisos. De nada adianta constelar problemas financeiros se você não olhar para a raiz

*Eu amei muito você, e isso me dói demais.*

do problema que poderá aparecer ali, assim como aconteceu com uma pessoa que constelei há alguns anos.

Na constelação, essa pessoa apresentou um problema financeiro muito grave, e dentro do campo vimos que aquilo estava relacionado aos antepassados indígenas que haviam brigado por terras e, consequentemente, por riquezas. Ela interpretou aquele resultado no momento da constelação, mas no dia seguinte disse que não entendia se havia feito as pazes com o dinheiro. Era uma história tão linda, tão profunda, um presente para ela e para as pessoas que estavam ali, mas percebi com tristeza que nada tinha adiantado, pois ela não conseguia olhar além do problema atual e ver o que estava por trás daquilo. Estava preocupada apenas com o que era momentâneo, o problema com o dinheiro, em vez de olhar para os aprendizados da família. Quando a pessoa é muito fechada ao próprio mundo individual, a energia não flui. E isso transparece na nossa vida financeira, inteiramente conectada à nossa profissão e ao nosso trabalho.

Quando uma pessoa se entrega ao trabalho com amor, mesmo que ainda não seja o que ela mais queira fazer no mundo, o dinheiro fica e rende. Mesmo ganhando pouco, para aqueles que têm gratidão pelo processo e entendem a evolução, a energia do dinheiro flui melhor.

Precisamos saber ganhar dinheiro com amor e com os nossos talentos. Isso aparece quando faço constelações para empresas e falo do amor que precisa existir dentro desse sistema. Uma empresa pode ser uma bênção na vida de muitas pessoas, incluindo a família dos donos, dos colaboradores, dos clientes e dos fornecedores. Quando se conecta com o mercado e se coloca à serviço da sociedade, a companhia prospera. Por outro lado, os problemas

*Eu sinto muito.*

começam a aparecer quando o fundador não olha para o todo, mas apenas para o produto ou serviço; ou quando os fundadores prejudicam a natureza ou trabalham com produtos prejudiciais aos outros. São consequências que recaem sobre todos, uma vez que tudo está interligado.

Se estamos emaranhados, até a profissão que escolhemos retrata essas disfunções. Por exemplo, é possível que você tenha escolhido trabalhar com a justiça porque a sua família sofreu uma injustiça muito grande ou então que tenha escolhido ser médico porque houve um problema muito grave de saúde que não pôde ser resolvido. Profissões são importantes ferramentas para equilibrar emaranhamentos familiares. E isso precisa ser reconhecido, pois afeta tudo, incluindo a área financeira.

Sendo assim, é preciso ter alegria ao usufruir a energia do dinheiro, entendendo que, em primeiro lugar, é preciso doar. E não apenas doar no sentido de caridade, mas também doar o que sabe, com a melhor intenção na sua alma, para se colocar inteiramente disponível por meio do seu trabalho. Isso não significa que você não deve olhar para o dinheiro, não deve organizar seus planos e suas contas, e sim que o dinheiro não vem em primeiro lugar. É compartilhar o seu trabalho com prazer e não sofrer para trabalhar. Não sentir culpa de usufruir. Esse movimento nos coloca em prol da energia financeira para que possamos nos desemaranhar e olhar o dinheiro como pura energia de troca de talento e liberdade para criar, viver, compartilhar e ser altruísta.

O dinheiro testa a nossa capacidade de colocar o nosso talento e missão à serviço da humanidade. Ele testa nosso autocontrole à medida que vemos muitas pessoas, mesmo possuindo muito, segurando tudo o que têm, sentem-se pobres e só utilizam o dinheiro

*Por favor, mamãe. Me deixe amar o meu pai livremente.*

para si mesmas de modo egoísta. Tantas outras gastam sem motivo e não entendem que o dinheiro não pode nos escravizar ou mandar em nós. O controle deve estar nas nossas mãos. **Precisamos saber equilibrar satisfação e desejos, para gastar pela nossa alma, e não para o nosso ego.**

A nossa alma é rica para manifestar e manter o que manifestamos, para transformar o que tocamos. Ao fazer isso, você entenderá que o seu livre-arbítrio se expande à medida que usa os seus recursos para o crescimento, o prazer e o conforto, para que possa ter uma passagem nesta existência com equilíbrio de troca dos seus talentos. A partir disso, o dinheiro flui em uma nova jornada, porque a riqueza de alma impera e o egoísmo não tem mais lugar. É um movimento que dá espaço para o seu ser, para o seu propósito e para a sua verdadeira existência. E assim nada faltará, mesmo quando o dinheiro não estiver ali.

Então, lembre-se sempre disto: quer ter dinheiro? Tenha sonhos, volte a se conectar com o amor e com a esperança em tornar a sua vida plena e feliz. Empenhe-se para realizar esses sonhos. Ter uma vida equilibrada é guardar dinheiro, sim, mas também é usá-lo para se divertir, realizar os seus desejos e prosperar ao servir o próximo.

A MELHOR HERANÇA QUE PODEMOS DEIXAR PARA AS GERAÇÕES FUTURAS É VIVERMOS O NOSSO EU REAL DE MODO VERDADEIRO E CONECTADO COM TUDO E COM TODOS.

*Por favor, papai. Me permita amar a minha mãe livremente.*

### Exercício

Quero fazer uma proposta para mudar a sua visão em relação ao dinheiro e liberar o que pode estar preso dentro de você para que a sua história se transforme.

**1.** Pensando na sua história, como você enxergava a prosperidade?

.................................................................................................
.................................................................................................
.................................................................................................

**2.** A partir de tudo o que vimos neste capítulo, como você passará a enxergar a prosperidade?

.................................................................................................
.................................................................................................
.................................................................................................

**3.** Pare um momento, feche os olhos e diga para si mesmo repetidas vezes: "Eu honro e agradeço todas as profissões que vieram antes de mim, todas as empresas e os empregadores que trouxeram o sustento da minha família até aqui". Abra os olhos e deixe essa energia de gratidão fluir dentro de você.

**4.** A sua família tem ou deixou dívidas? No fundo, essa grande perda financeira mostra a dor de uma grande perda pessoal na nossa família de origem, que ainda não foi vivenciada, reclamada e deixada em paz. Caso a sua resposta seja "sim" e você saiba de situações em que a sua família tirou vantagem de alguém, quero que feche os olhos e visualize mentalmente

*Eu ainda devo algo a você.*

todos aqueles que foram prejudicados pela sua família. Diga a eles: "Eu sinto muito. Todos perderam nesse negócio. Por muitos motivos inconscientes, eu fui além do que podia".

5. Existem escravizados na história da sua família? Se sim, quero que feche os olhos, imagine que está em frente aos senhores de engenho da época e diga a eles: "Eu ainda me sinto vítima, como os meus antepassados. Ainda me sinto incapaz e cobro por justiça. Quanto mais eu julgo vocês, mais me torno tão agressivo e tirano quanto vocês. Agora, eu dou um lugar a tudo como foi". E diga aos seus antepassados: "Ainda dói, mas não foi em vão. Tudo o que aconteceu levou a humanidade a um grande salto de consciência. Eu me sentia traindo vocês ao ter dinheiro".

6. Qual destas frases combina mais com você?
- Dinheiro para sobreviver.
- Dinheiro para tudo o que eu quiser.

Caso a sua resposta tenha sido a primeira frase, quero que se lembre da energia do dinheiro e mude a sua consciência em relação a isso. Caso sinta que não teria a aprovação dos seus pais se você fosse rico, quero que feche os olhos e diga para eles: "Vejam o que eu fiz com tudo o que vocês me deram! Eu recebi tanto de vocês".

Aos seus antepassados, quero que diga ao fechar os olhos: "Para mim, hoje é mais fácil do que foi para vocês. Todo sacrifício, acertos e erros eu tomo para mim como um grande aprendizado e, sem julgamento, deixo com vocês o que é de vocês. Me abençoem se eu vivo de uma forma mais leve e me sustento com o meu próprio esforço. Só eu posso carregar o meu destino".

# 06.
## DESEMARANHAR-SE: RELACIONAMENTOS FAMILIARES E AFETIVOS

No fim de 2017, fui convidada por um médico referência em medicina integrativa no sistema de saúde pública do Brasil para fazer um documento que indicava a importância da constelação familiar como tratamento complementar aos pacientes. Em 2018, terminamos esse trabalho, e o Brasil se tornou pioneiro ao integrar a constelação familiar como prática complementar de saúde. Essa abordagem ajuda o paciente a entender dinâmicas subjacentes aos sintomas e doenças, que muitas vezes são crônicos na família.

Muitos dos meus alunos no curso de formação em constelação são médicos. Eles relatam a importância de olhar não só para a doença, mas também para o que está por trás da desordem física. Muitas vezes, o paciente não leva apenas a si mesmo para o consultório, mas também os traumas da família. Esses, por sua vez, sabemos que são importantíssimos no processo de tratamento.

Com isso, chegou a hora de falarmos dos emaranhamentos em relacionamentos afetivos e familiares, parte fundamental da nossa tomada de consciência. Quero mostrar para você como esses traumas de família, mesmo que venham até nós a partir dos nossos antepassados, podem afetar a nossa vida. E lembre-se: este deve ser um espaço livre de julgamentos e no qual você se mantenha de olhos abertos para trazer à consciência tudo o que estou propondo.

*Eu não sou melhor nem pior do que você.*

## RELACIONAMENTO FAMILIAR

Estava constelando uma moça cujo sonho era passar em uma prova de qualificação de inglês para poder trabalhar nos Estados Unidos. A grande questão da constelação era que ela tinha todas as habilidades para passar na prova, mas algo estava por trás dessa trava na vida dela. No processo, vimos que a família saiu de Israel e foi viver em Nova York, nos Estados Unidos, mas uma das avós não conseguiu fazer a viagem por problemas de documentação e acabou desembarcando na Argentina e depois no Brasil.

O sistema familiar daquela moça carregava a dor daquela geração, de não ter conseguido ir para os Estados Unidos, e na constelação ela pôde ver a dor e a frustração da avó por não ter seguido a família. Foi uma oportunidade de sentir que a dor não era só dela, mas compartilhada por não conseguir passar na prova, e assim poder dar voz para a dor da avó que ninguém havia enxergado até então.

Isso mostra que a desordem na nossa família coloca também em desordem o nosso fluxo de realidade. Tudo o que se repete por meio das gerações é como um grito de socorro e um olhar diferente para o que aconteceu. É incluir o que foi excluído, equilibrar o que está desequilibrado, dar voz para o que foi calado. São situações que não tiveram boas soluções e precisam ser olhadas.

Ao olhar com sabedoria para o passado, é possível perceber que a psicoterapia, por exemplo, que é uma ótima maneira de tratar os próprios sentimentos e fazer as pazes com o passado, é algo ainda muito novo na nossa história. Os nossos avós, bisavós e tataravós não tiveram essa oportunidade, então a solução é sempre dar um passo adiante e olhar com humildade e gratidão para o que aconteceu – sem julgamentos ou arrogância de acharmos que somos

*Você me perdeu para sempre.*

melhores do que aqueles que vieram antes de nós. Fazer isso faz com que sejamos mais fortes e demonstremos honra em relação à experiência de quem viveu aqui antes de nós.

É um movimento que mostra que tudo o que os nossos antepassados viveram não foi em vão. A dor que eles nunca conseguiram elaborar não foi em vão. Ela pode ter se transformado em doença, exclusão ou distanciamento, e tudo isso pode estar influenciando as próximas gerações.

É preciso se perguntar: qual dor não foi vista? Esse processo de autoconhecimento busca olhar com coragem para o que aconteceu com os nossos pais e antepassados, uma vez que somos todos seres humanos e, nesse processo, as nossas experiências nos ferem e ferem os outros. Por isso precisamos olhar com amor para aquilo que antes era dor. Podemos encontrar amor em tudo.

Sei que é difícil ler isso, e talvez você sinta certo desconforto aqui, mas isso é ter consciência de que podemos chegar à essência do amor verdadeiro e estar em um novo nível de consciência. Talvez não seja tão simples, mas também pode não ser tão difícil. Quer ver só?

A maior conexão sistêmica que temos em um primeiro momento é manifestada por meio dos laços de sangue que temos com a nossa família. Esses laços são sinônimo de afinidade, alegria pela vida que veio antes de nós e nos foi passada. É conexão biológica, energética e espiritual. Dito isso, vale reforçar que o processo de cura para os emaranhamentos familiares, em geral, se dá em um âmbito mais amplo do que estamos acostumados a enxergar. Lembra quando falei das emoções primárias (dor e amor) para explicar que muitas vezes olhamos para o que é secundário? Esse é exatamente o ponto aqui.

*Por favor, fique.*

**A GRANDE CURA ACONTECE QUANDO DEIXAMOS DE OLHAR PARA O QUE É SUPERFICIAL E PASSAMOS A ENXERGAR QUE ESTAMOS INTEGRADOS FÍSICA, EMOCIONAL E ESPIRITUALMENTE COM TUDO O QUE ESTÁ AO NOSSO REDOR. A CURA REAL VEM DA CONSCIÊNCIA, ISTO É, CADA SINTOMA REPRESENTA UMA OPORTUNIDADE DE EVOLUÇÃO DA NOSSA FAMÍLIA OU DE EVOLUÇÃO EM NÓS MESMOS COMO INDIVÍDUOS, ASSIM COMO ACONTECEU COM UMA PESSOA QUE CONSTELEI HÁ ALGUM TEMPO.**

Ela estava com uma suspeita de tumor em um dos olhos. Ao abrirmos a constelação, o representante dela manteve sempre o semblante baixo, olhando para o chão. Perguntei se ela já tinha feito algum aborto e o que tinha visto de tão chocante para olhar apenas para baixo. O relato dela foi que estava em um estágio avançado da gravidez quando resolveu fazer o aborto e precisou presenciar algo bem difícil no processo de retirada da criança. Ali existia uma dor que estava se manifestando no olho, pois sentia muita culpa e sofrimento pelo que havia feito, mas, ao mesmo tempo, dizia que não sentia nada em relação ao bebê. Fizemos um processo lento de cura. Foi um longo período até que ela pudesse pegar o bebê no colo e se sentisse novamente no direito de amar.

Posso afirmar, portanto, que o processo de doença e cura em questões familiares e pessoais se dá em um âmbito mais amplo do que costumamos olhar. São questões que, em geral, vão além do que a vida está mostrando na superfície. E, nesse processo de olhar para o que aconteceu, muitos sentimentos podem vir à tona. Algumas pessoas, inconscientemente, querem morrer para seguir familiares. Em outros momentos, existem pessoas que já morreram e nos querem perto delas, assim como aconteceu com um italiano que constelei há alguns anos.

Na época, ele estava com câncer, e coloquei uma pessoa como representante no campo da doença dele. Durante o processo, a mãe dele apareceu e falou que sabia que a vida dele não tinha graça sem ela. Por que ele deveria ficar vivo? Fiquei assustada e perguntei para ele qual era a história com a própria mãe. Ele contou que nunca havia se casado e viveu a vida toda em um papel de parceria com ela, como se substituísse o marido que ela não tinha mais. Ali, pedi que ele dissesse "não" à mãe e falasse que precisava seguir em frente. Esse movimento é muito importante, pois é uma maneira de pedirmos aos nossos pais que encontrem outras coisas importantes para fazer além de apenas olhar para nós, filhos.

Um pai e uma mãe precisam de uma razão para viver e servir ao todo, não somente servir a uma pessoa. É muito fácil amar somente a família e se esquecer de que não nascemos para viver só para o casamento e para os filhos, e sim que nascemos, crescemos, nos casamos e temos filhos para viver para o todo, para nós mesmos e para encontrar o nosso verdadeiro caminho.

Filhos adoecem para unir os pais. Filhos morrem para punir os pais. Filhos morrem no lugar dos pais. Assim, a grande solução para quem tem filhos é não se fazer de vítima, e sim olhar para o que acontece na própria vida e liberar os filhos para que vivam a própria maturidade. Para que tenham força e saúde para seguir a vida sem culpa.

Os filhos precisam ser liberados para que possam fazer diferente, para que consigam escolher a própria profissão e os próprios relacionamentos. Para que vivam a evolução e ampliação de consciência. Essa é a verdadeira maternidade e paternidade, pois

*Eu me curvo perante o seu destino.*

é a partir desse momento que os pais conseguem também olhar para eles mesmos e viver o próprio processo de cura e evolução espiritual. Assim, é possível estar alinhado com o Universo, sem expectativas, apenas vivendo o momento presente com tudo o que é exigido e dado, em paz e harmonia com a própria história.

Existem muitas desordens entre pais e filhos sobre as quais precisamos falar. Por exemplo, filhos que não querem crescer e seguir a própria vida porque, em geral, receberam demais dos pais e perderam a própria força para conquistar o que queriam. Filhos que ficam em casa para manter os pais juntos. Filhos que acham que precisam ficar em casa para salvar os próprios pais da morte ou da agressão um contra o outro. Aqueles que ficam porque receberam muitas chantagens ocultas de solidão, fragilidade e dependência. Filhos que foram criados por pais poderosos e controladores que não aceitam a independência ou estabelecem um ambiente de competição para ver quem é melhor, gerando uma relação problemática e de dependência mútua. E aqueles que cobram respeito, amor, dinheiro e reconhecimento por serem filhos que foram feitos fora do casamento.

Não construa uma vida pautada nos traumas que aconteceram. Feche os olhos e diga para os seus pais: "Vocês me deram o suficiente". Essa é a frase de cura que precisa ser usada. Não podemos ter uma visão limitada do que aconteceu, tanto como pais quanto como filhos. Família não é tudo. Existe, em primeiro lugar, um compromisso que precisamos estabelecer conosco e com a sociedade em relação à evolução da consciência. Nesta vida, temos muitas funções, como cuidar do nosso corpo, das nossas emoções e da nossa alma. Praticar atividades que nos deem prazer, cuidar dos nossos amigos, da nossa casa e de tantos outros ambientes nos quais estamos inseridos. Tudo isso pode ser feito de modo criativo para evoluir e viver bem.

Temos uma alma individual, e mesmo que tenhamos entrado no nosso sistema familiar porque ele é o certo para nos equilibrar, precisamos viver além do ego para entender que a nossa luz e sombra, os nossos comportamentos e as nossas atitudes vão além do que aconteceu conosco e com a nossa família. É um processo de respeito, honra e equilíbrio, pois demonstra amor por aqueles que vieram antes. Mesmo que essa demonstração de amor e gratidão seja difícil, você pode escolher fazer isso sozinho, o que fará com que a energia do amor e do desejo pela vida flua através de você.

## RELACIONAMENTOS AFETIVOS

Em 2016, estive em um seminário com Bert e Sophie Hellinger, em uma das constelações de casais mais bonitas que já vi. Para o novo movimento da constelação, não existe mais a pergunta a respeito do assunto, e aquele casal foi colocado dentro do próprio campo para que passasse pelo processo juntos. Eles estavam um de frente para o outro e começaram a fazer um movimento de aproximação. Quando chegaram mais perto, ele disse para ela: "Obrigado por ser a minha mulher até hoje". Parece simples, mas esse movimento gera muita emoção.

A convivência de um casal precisa ser renovada, e para isso a expressão dos sentimentos é fundamental. Quando ouvimos o nosso parceiro expressar esses sentimentos, é como se existisse uma renovação dos votos, que foi exatamente o que aconteceu ali. Muitas vezes, o simples "eu te amo" é difícil, então imagine uma frase que expressa a gratidão pelo tempo passado juntos. É preciso que cada uma das partes reconheça o esforço que cada um faz para

*Tenho a sorte de você ser o meu pai.*

estar no casamento. Isso gera libertação! Sentir isso e expor em palavras é tão importante quanto ter atitudes que preservam o relacionamento, gera conforto emocional e espiritual. E assim o sistema pede para que se olhe para o casamento, expresse os sentimentos e renove a relação a cada dia com gratidão e respeito. Muitas vezes, é aí que está o grande desafio.

Todos nós temos as energias yin e yang na nossa vida, independentemente de gênero. Yin representa o feminino e yang representa o masculino. Em cada um de nós, prevalece yin ou yang, e essa alternância desequilibrada pode causar desordem em relacionamentos afetivos. Se você é agressivo, por exemplo, provavelmente perdeu a sabedoria e a sutileza que são provenientes de yin. Se é frágil fisicamente e tem problemas para realizar as tarefas do dia a dia, é porque perdeu o yang dos músculos e da energia vital.

Em um relacionamento, é possível ver através do outro a nossa sombra (ego) e a nossa luz (alma). Nos momentos em que nos perdemos, o outro nos mostra a saída. O equilíbrio de yin e yang está presente, e cada aprendizado é, portanto, uma oportunidade para equilibrar essas energias dentro de nós.

Muitas pessoas reclamam que um possível parceiro não está disponível para o amor. O que vejo, contudo, é que muitas vezes não se percebe que, para encontrar alguém, é preciso pagar um preço por ser adulto, se expor, crescer e o olhar para o que o outro mostra. Não são as pessoas que não estão disponíveis, mas sim quem procura um relacionamento a partir do próprio ego e da própria história – ou da história familiar – e não encontra oportunidades certas para a própria cura.

Só encontramos alguém indisponível porque estamos indisponíveis. Talvez isso aconteça porque essa pessoa está no lugar errado na

*Você me provocou demais.*

família de origem, está no lugar do pai ou da mãe, está sendo fiel às mulheres ou aos homens que não se casaram ou então está seguindo crenças ocultas que não acreditam em casamentos saudáveis. Muitas vezes, até mesmo a falta de relacionamento mostra uma grande dor no sistema familiar. Então, quando a união acontece, ela não acontece por acaso. Sempre há uma oportunidade de cura para cada um e para a família, já que todas as interações que temos oferecem novas chances de evolução.

Por mais que seja dolorido, precisamos entender que cada relacionamento é o certo para a nossa cura. Cada crise do casamento é uma oportunidade para crescermos. Perceba que aqui não estou tirando a culpa de perpetradores, agressores ou qualquer outra pessoa que comete o mal contra um indivíduo. Quero apenas propor uma reflexão para que possamos olhar com mais consciência para o que aconteceu nos nossos relacionamentos ao tentarmos entender que existem papéis que exercemos e que muitas vezes o que passou nos ajuda a evoluir.

Relacionamentos só podem acontecer entre adultos, e adultos podem se responsabilizar por 50% daquilo que dá certo e errado. Não existem vítimas em uma relação afetiva, mesmo em uma traição financeira, afetiva ou sexual. Sempre existe algo que está oculto e buscando o equilíbrio, assim como aconteceu com uma mulher que constelei há alguns anos.

Ela estava ali porque havia sido traída pelo marido. Quando perguntei por qual motivo ela havia se casado com ele, ela respondeu que foi para poder sair de casa. Ao fazer isso, o relacionamento começou não por amor, mas com uma traição oculta. Então quem traiu primeiro? Essa mulher havia traído o marido porque o usou para sair de casa. Isso não estava na consciência dela, mas esse

*Eu faço isso por você, no seu lugar.*

engano não pode permanecer na nossa alma. Ali existia uma força de compensação que buscou o equilíbrio.

Quando se casa buscando um pai ou uma mãe, acontece um desequilíbrio na relação que infelizmente costuma acabar em traição pelo simples fato de que o parceiro não está disponível como homem ou mulher, mas sim em um papel inadequado de cuidador. Outra situação muito comum é desrespeitar o relacionamento anterior e se esquecer de que cada relacionamento tem o próprio espaço na nossa vida e precisa ser visto e honrado.

Vejo também mulheres que, por muitas brigas no casamento, acabam tentando desempenhar um papel solo na vida dos filhos e por isso acabam fazendo com que as crianças não se sintam adequadas para demonstrar amor ao próprio pai. A consequência são jovens com distúrbios relacionados à segurança amorosa. Todo filho tem direito de amar os próprios pais, independentemente do que tenha acontecido. A união dos pais, mesmo que separados, fortalece os filhos.

Imagine só quantos emaranhamentos podem existir em cada um de nós, impedindo-nos de viver algo novo, equilibrado e saudável. Então, para os relacionamentos afetivos, sinto que é importante abordarmos alguns temas fundamentais sobre os quais falarei separadamente a partir de agora.

## Reeducar o parceiro

Depois da maternidade, algumas mulheres sentem a necessidade de reeducar o marido como se ele também fosse uma criança que está dentro de casa. Esse movimento faz que o outro perca o interesse sexual na relação e confrontos possam surgir. Assim, é preciso se olhar de igual para igual dentro da relação. Jamais reeducar, e sim partilhar e contribuir.

*Agora eu posso assumir.*

## Abortos, perda de filhos e impossibilidade de ter filhos

Nas observações que fez, Bert Hellinger notou que muitos casais se separavam em situações de aborto, perda de filhos ou infertilidade. Isso acontece porque, inconscientemente, um parceiro culpa o outro pelo que aconteceu, e é como se um abismo se abrisse na relação sem que eles vejam o motivo.

É importante que exista essa consciência para que o casal não caia nessa cilada. Vale reforçar também que, em casos em que um dos parceiros não quer ter filhos e o outro quer, é importante que aquele que quer ter filhos seja liberado de maneira amorosa e consciente para que possa servir o próprio propósito de perpetuação da família.

## Nascimento de filhos

Quando uma nova vida está partilhando momentos com o casal, em um primeiro momento existe um cuidado maior da mãe para que a criança cresça e se desenvolva. O pai, nesse momento, deve ficar junto, entender e esperar. Mas, como a união do casal veio antes do nascimento dos filhos, o casal precisa retomar o casamento e a relação a dois para que exista ordem nesse contexto.

Depois, com o filho mais velho, existe um momento em que a mãe libera a criança, e o pai assume os próximos passos para empurrar o filho para a vida. Essa natureza que cada um desempenha nas fases de uma criança é fundamental para o desenvolvimento dela. E é possível ver isso em diversas culturas.

Convivi por muitos anos com uma família de origem cigana e aprendi muito nesse ecossistema. Ainda não conhecia a constelação familiar e fiquei encantada com a harmonia daquela família. Para eles, existia um espaço sagrado em relação ao quarto do casal,

*Agora você pode contar comigo.*

e os filhos aceitavam naturalmente que os pais tivessem um tempo de qualidade juntos. São limites de hierarquia que deixam uma família inteira em harmonia, pois a intimidade é preservada, e os filhos que veem os pais felizes ficam mais felizes também.

## Relação sem casamento

Atualmente, esse assunto é um tanto ignorado, mas precisamos falar de relacionamentos que acontecem por muito tempo sem oficialização. Se, por um lado, existem muitas questões envolvidas nesse processo, por outro, pode existir uma mensagem oculta que diz que ambos os parceiros estão disponíveis para pessoas melhores do que a do relacionamento atual.

## Relacionamentos anteriores

Se os relacionamentos não foram finalizados com respeito e causaram muitas mágoas, essa falta de encerramento interfere nas relações seguintes e nos filhos, que se relacionarão com pais que estão presos aos sentimentos de raiva e ciúme nutridos pelo parceiro anterior.

Precisamos dar lugar a quem veio antes, como já comentei. É a soma das nossas relações anteriores que nos transformou em quem somos hoje. Todos são importantes, sem comparações.

## Motivos ocultos para o casamento

A maior parte das nossas decisões e escolhas é feita de modo inconsciente, e nem sempre sabemos distinguir essas escolhas e como elas foram feitas, se existiam ou não intenções ocultas. Como na história da mulher que havia se casado para sair de casa, vejo em muitas constelações que as intenções ocultas acabam gerando emaranhamento

*Eu assumi um lugar que não era meu, e isso me tirou força.*

nas relações. Mesmo que essas pessoas não tenham consciência disso, em muitas ocasiões utilizam o parceiro para tirar proveito de algo. E o amor não se sustenta quando existem objetivos ocultos.

Não podemos, portanto, nos relacionar com o intuito apenas de receber, pois assim seremos fardos para os nossos parceiros. É preciso ter um objetivo social e espiritual em comum para fazer florescer o brilho que existe no casal. E isso pode acontecer a partir dos filhos ou de uma causa social em que o casal atue junto.

## Agressões

Obviamente o que trarei aqui não exclui a responsabilidade do agressor. Dito isso, quando Bert Hellinger trata assuntos polêmicos como abusos, assassinatos e agressões, as colocações dele trazem a compreensão de que é preciso ter consciência da amplitude de um fato marcante para que todo o sistema possa avançar. A justiça aplica a lei, mas não significa que essas leis resolvam o problema.

Quando existe uma agressão, por exemplo, há uma dinâmica clara: alguém agrediu e alguém foi agredido. Na constelação, entretanto, muitas vezes entendemos o que está dentro de toda aquela história para que se tenha atingido aquele ponto. Ou seja, cada questão exige o cuidado do olhar para entender esse emaranhamento e cuidar dos envolvidos a partir da consciência. Tudo isso precisa ser visto com muito cuidado, para que tanto o agressor quanto o agredido possam entrar em equilíbrio e as próximas gerações não perpetuem essa história com intuito de mostrar algo para o sistema familiar.

## Ciúme

Em relações de pessoas adultas, corremos o risco de o amor acabar e a relação terminar. Ao nos relacionarmos de modo infantil, a

*Deu certo.*

consequência é um medo do aprofundamento da relação e do vínculo que gera o ciúme, empurrando o outro para fora da relação por não suportar o risco e o medo de ser abandonado. Suportar esse risco significa crescer, lembre-se disso.

### Sempre amante

Para a constelação, amantes são pessoas que estão casadas com os pais e não evoluíram para que pudessem viver relações plenas e saudáveis. Eles se julgam, na verdade, melhores do que os próprios pais e adoram viver o amor com sofrimento.

### Fidelidade ao sistema anterior

De cada geração é exigido algo. Isso diz respeito a uma necessidade de incluir uma nova informação, que será o próximo passo evolutivo daquela família. Por exemplo, se antes não era permitido a um casal não ter filhos, hoje esse é um assunto muito falado. Entretanto, por fidelidade ao sistema anterior e às crenças que regiam a época, muitas vezes ficamos presos ao que era visto como certo anteriormente, porém precisamos dar lugar ao novo.

### Exercício

Agora que já pontuamos as questões mais importantes que geram o emaranhamento em relacionamentos familiares e afetivos, chegou a hora de partirmos para uma etapa mais prática da nossa jornada. Quero que você faça alguns exercícios e reflexões que ajudarão no processo de evolução da consciência. Separe um tempo para você e para internalizar tudo o que veremos.

*Amo tudo o que vem de você.*

1. Para aceitar as situações como aconteceram, leia algumas frases inspiradas nos ensinamentos de Bert Hellinger. Pense na sua história, no que aconteceu com você, escolha a frase que mais funciona com o que está sentindo e, com os olhos fechados, repita-a para si mesmo.
   - Eu aceito tudo como foi.
   - Eu te amei muito, e isso ainda me machuca.
   - Dou lugar a todos do jeito que são, pois por meio de vocês a vida chegou até mim.
   - Vejo benefício na experiência de vocês e faço algo de bom com isso.
   - Dou lugar de amor a tudo o que você viveu e vejo o quanto isso custou na sua vida.
   - Eu te honro vivenciando a mesma dor que você sentiu ou o mesmo problema pelo qual passou, mas agora vejo que você não queria isso.
   - Sei que faltava para você simplesmente o nosso olhar de respeito e gratidão, mas agora, por meio da sua vida difícil, podemos crescer e fazer algo de bom com o que aprendemos. Isso gerará mais força em mim e nas próximas gerações.

2. Sente-se em um lugar confortável e feche os olhos por um momento. Sinta a conexão que existe com a sua família de origem, não importa se você sabe o que aconteceu com ela ou não. Simplesmente deixe as informações fluírem no seu ser. Conforme sentir isso, escreva ou desenhe o que está sentindo, para que possa entender essa conexão. Não precisam ser frases ou desenhos conexos, podem ser ideias ou imagens que vão aparecer. Pensando nisso, tente responder às perguntas a seguir.

*Por favor, ame tudo o que vem de mim.*

**a)** Quais situações são repetitivas no seu sistema familiar? O que elas te mostram?

.................................................................................................
.................................................................................................
.................................................................................................
.................................................................................................

**b)** O que as mulheres da sua família estão pedindo secretamente para você? Aqui a ideia é entender como as mulheres da sua família podem estar enviando sinais ocultos que estão influenciando os seus comportamentos. Alguns exemplos comuns são: "Não se case, os homens não prestam"; "Você precisa ser independente de qualquer homem".

.................................................................................................
.................................................................................................
.................................................................................................
.................................................................................................

**c)** O que os homens da sua família estão pedindo secretamente para você? Siga a mesma lógica para responder a esta pergunta. Alguns exemplos: "Mulheres são todas iguais, elas tiram a nossa liberdade"; "Cuidado ao se relacionar com ela, porque ela abandonará você depois dos filhos e levará todo o seu dinheiro".

.................................................................................................
.................................................................................................
.................................................................................................
.................................................................................................

*Eu respeito a minha e a sua história.*

3. Para aqueles que estão ou estiveram em um relacionamento com filhos, existe uma frase de cura que pode ser dita: "por meio dos nossos filhos, nós estamos juntos para sempre". Feche os olhos, veja o seu parceiro e diga isso para ele.

4. Para aqueles que precisam reconhecer os casais do próprio sistema familiar, é possível dizer a frase de cura: "Homens e mulheres da minha família têm um lugar de amor no meu coração. Todos são bons. A vida chegou até mim". Feche os olhos e fale isso para os casais do seu sistema.

5. Para aqueles que tiveram muitos abortos provocados ou se você, pessoalmente, vivenciou o aborto, feche os olhos e veja internamente todos esses bebês. Sem nenhuma intenção, apenas olhe para cada um deles, sem pedir nada. Diga a eles: "Eu esqueço agora todas as minhas desculpas e olho para a dor de vocês".

Quero reforçar que você não precisa seguir os desejos inconscientes dos seus antepassados. Esses desejos estavam ali para protegê-lo, mas hoje você vive uma vida diferente. Você pode ir nesse fluxo familiar do próximo passo, porém dentro do que é bom para você e agradecendo aos que vieram antes. Fazer isso é estabelecer um ritual de passagem que nos libera para irmos em direção ao novo sem culpa e sem medo. Esse é o processo de se desemaranhar.

# 07.
## ACEITE, AGRADEÇA E SE DESPEÇA

*Nós somos a passagem em direção ao divino, e o nosso sofrimento é o rio que nos leva finalmente ao oceano de você, do eu sou!*
Richard Rudd[23]

No tecido da vida, há momentos que servem como um nó, que marcam o fim de um período e o início de outro, pontos de inflexão em que o passado se encontra com o presente, e o futuro se desdobra à nossa frente. Momento em que precisamos aceitar que não somos mais crianças e que a vida adulta nos espera. Todos passam por isso. Os nossos avós viveram esse momento, bem como os nossos pais e nós mesmos em algum momento da nossa jornada. Esses marcos, chamados de ritos de passagem, termo cunhado por Arnold Van Gennep (1873-1957), antropólogo franco-holandês, no início do século XX,[24] são cerimônias que celebram e marcam as transições importantes na nossa vida. Essa tradição está presente nas mais variadas culturas.

No Brasil, por exemplo, existe a festa de debutante, comemorada aos 15 anos. Nos Estados Unidos, existe o *Sweet Sixteen*, comemorado no aniversário de 16 anos.[25] No judaísmo, há o *bar mitzvá*, que é a passagem de um garoto à nova fase, com a inserção dele na

---

[23] RUDD, Richard. **Gene Keys**: unlocking the higher purpose hidden in your DNA. 1. ed. London: Watkins, 2013

[24] ARNAULT, Renan & ALCANTARA E SILVA, Victor. "Os ritos de passagem". *In*: **Enciclopédia de Antropologia**. São Paulo: Universidade de São Paulo, Departamento de Antropologia, 2016. Disponível em: http://ea.fflch.usp.br/obra/os-ritos-de-passagem. Acesso em: 04 jun. 2024.

[25] SWEET sixteen: os 16 anos americanos. **Buffet Tulipas**. Disponível em: https://www.buffettulipas.com.br/blog/os-16-anos-americanos/. Acesso em: 19 fev. 2024.

*Por favor, me proteja.*

comunidade judaica.[26] Para os muçulmanos, existe o Ramadã.[27] Em tantas outras culturas há ritos de passagem peculiares e particulares de cada região.[28]

Esses ritos de passagem podem assumir formas únicas e simbólicas, refletindo os valores, as crenças e as tradições de cada sociedade. Não são apenas eventos sociais, são rituais de transformação, oportunidades para refletir sobre o que foi deixado para trás e o que está por vir, e convidam a reconhecer e honrar as mudanças que ocorrem na vida, permitindo a celebração de uma nova identidade com novas responsabilidades.

É um processo que frequentemente envolve diversas camadas simbólicas, pois marca a transição de nossa dependência dos pais para a independência. Para evoluirmos, precisamos *aceitar, agradecer* e *nos despedir* de quem nos criou, com o objetivo de vivermos o agora com as nossas próprias decisões individuais. Como vimos no Capítulo 4, isso não significa que não honraremos quem nos deu a vida, muito pelo contrário; precisamos aceitar e agradecer o que recebemos para que possamos estar em ordem com o nosso sistema familiar.

Pensando no tema, separei este espaço para falarmos da relação entre pais e filhos a partir de ambas as perspectivas. Quero que você, como filho, repense a maneira como tem lidado com os

---

[26] BELLÉ, Junior. O que é um bar mitzvah? **Superinteressante**, 2014. Disponível em: https://super.abril.com.br/mundo-estranho/o-que-e-um-bar-mitzvah. Acesso em: 19 fev. 2024.

[27] ARAÚJO, Felipe. Ramadã. **Infoescola**. Disponível em: https://www.infoescola.com/islamismo/ramada/. Acesso em: 19 fev. 2024.

[28] ONTEM menino, hoje homem. Os ritos de passagem mais estranhos do mundo. **Brasil 247**, 2015. Disponível em: https://www.brasil247.com/oasis/ontem-menino-hoje-homem-os-ritos-de-passagem-mais-estranhos-do-mundo. Acesso em: 19 fev. 2024.

seus pais. E quero que você, caso seja pai ou mãe, reveja a maneira como lida com seus filhos. Essa relação de troca precisa de equilíbrio, ordem e hierarquia. Mas, em primeiro lugar, precisa fugir da bondade cega.

## BONDADE CEGA: DE FILHOS PARA PAIS

Quando não sabemos qual é o nosso tamanho dentro de cada lugar que ocupamos nas nossas relações, podemos entrar em um processo de desordem que nos coloca como vítimas ou super-heróis. Ou achamos que tudo nos acontece porque somos vítimas do acaso ou queremos ser fortes demais e achamos que precisamos fazer justiça por tudo de ruim que acontece ao nosso redor. Falamos bastante do vitimismo no Capítulo 1, e agora quero explorar um pouco sobre o que é tentar ser um humano super-herói.

Super-heróis não se misturam com seres humanos comuns. Vivem sozinhos, sem ter direito a uma vida individual. Não descansam, só trabalham para os outros. Não aproveitam a própria existência, porque estão sempre disponíveis para salvar o mundo, nunca para salvar a si próprios. São fortes, não podem demonstrar vulnerabilidade e precisam de reconhecimento para se sentirem bem.

Como filhos, os super-heróis são aqueles que tiveram que crescer antes do tempo e rápido demais, ocupando o papel dos pais e desalinhando a ordem hierárquica. Sentem dó dos pais porque os veem como fracos, crescem achando que vão salvar os pais do mundo a partir das próprias atitudes. Mas e quem vai salvar os super-heróis? Quando se tornam pais, eles têm filhos que também sentem dó dos próprios criadores e invertem essa hierarquia para tentar salvar o sistema todo do sofrimento. É possível também que

*Eu estou indisponível para você.*

esses filhos se sintam fracos perante a força dos pais, internalizando um sentimento de inutilidade e impotência.

É claro que entendo que cada um faz o melhor dentro das circunstâncias que vive, mas essa inversão de papéis gera problemas para muitas gerações. A causa disso tudo está no que chamamos na constelação familiar de bondade cega. Como vimos no Capítulo 4, nós recebemos a vida, o maior presente que poderia ser nos dado, e por mais que queiramos recompensar os nossos criadores, jamais poderemos retribuir uma dádiva tão grande. O resultado é a culpa e o sofrimento pelo amor cego que sentimos por aqueles que nos deram esse presente tão precioso.

Em muitos momentos, copiamos a história deles, seguimos a profissão que eles tiveram ou que escolheram para nós, adoecemos, entramos em quadros clínicos graves e até podemos morrer no lugar deles pela gratidão eterna que sentimos dentro de nós. É possível também que tenhamos nos casado com pessoas iguais a eles ou estejamos sempre nos colocando em papéis de submissão aos desejos deles, mesmo que já tenham falecido. Em resumo, podemos estar presos, vivendo a mesma vida que eles tiveram, pelo simples fato de que não temos coragem de viver uma vida melhor, para não irmos além do que eles conquistaram e nos deram. Essa é a bondade cega que nos guia a partir de um amor irreal. E os filhos sempre sabem o que acontece com os pais. Talvez não de maneira consciente, mas a partir de pequenas nuances que dão indícios de que algo está errado. Assim aconteceu comigo e com a minha mãe antes de ela ficar doente e falecer.

Cerca de três meses antes de perder a minha mãe, tive um sonho muito estranho no qual ela chegava até mim e dizia que ia morrer. Acordei assustada, surpresa, e passei alguns dias apreensiva com aquele sonho. Conversei com uma amiga sobre isso e chegamos à conclusão de que o melhor a fazer era orar para que não fosse nada de mais e que o melhor acontecesse com ela.

Algum tempo depois, viajei para a Alemanha para fazer o Training Camp da Hellinger Schule e levei a minha mãe e as minhas sobrinhas para ter o prazer da companhia delas. No avião, na volta para casa, senti que algo estava diferente com a minha mãe. Sentada ao meu lado, ela parecia normal aos olhos de todos, mas o meu coração dizia que algo aconteceria.

Depois de algum tempo, muitas dificuldades apareceram e me fizeram cancelar outra viagem que estava marcada, para a Inglaterra. Resolvi constelar tudo o que tinha acontecido, e o campo mostrou que o problema era comigo, mas não mostrou exatamente qual era o motivo. Não entendi, fiquei frustrada. Para mim, não fazia sentido ter o papel de protagonista naqueles empecilhos, uma vez que estava muito animada para aquele momento. Mas depois entendi tudo. No dia que seria a minha viagem, a minha mãe passou mal pela primeira vez, e foi assim que corremos atrás de médicos, hospitais e exames para entender o que estava errado.

Algum tempo depois, recebemos o diagnóstico de uma doença grave, e foram poucos meses até que ela partisse. Essa despedida foi um baque. Ela era muito jovem, tinha uma saúde boa, por que teve que ir embora e me deixar aqui? Vivi um processo de luto no qual precisei aprender a respeitar que a história dela havia acabado, mas a minha precisava continuar. Esse processo me deixou mais madura espiritualmente. Olhando em retrospecto, vejo que durante o período em que ela esteve doente, muitas coisas aconteceram para curar pessoas ao redor. Isso foi muito poderoso!

*Por favor, coloque limites para mim.*

Às vezes não entendemos os sinais, mas quando respeitamos e seguimos a nossa jornada, as coisas fluem da melhor maneira. O campo morfogenético havia sido muito sutil ao me enviar aquela mensagem. Não sei o que teria acontecido se eu tivesse viajado, mas posso garantir que me senti muito grata por estar aqui naquele momento de tantas emoções e dificuldades.

Depois que ela se foi, uma sensação de impotência tomou conta de mim, tirando completamente a minha posição de super-heroína em relação a ela. Fui obrigada a largar essa postura a partir dessa e de tantas outras experiências que aconteceram. Precisei abandonar a arrogância de achar que sabia mais do que o plano divino sobre o que seria melhor para ela. Eu não podia vê-la como fraca nem vulnerável, mas sim como uma alma grande que me deu a vida e viveu plenamente tudo o que deveria viver.

Por isso falo da importância de abandonarmos o amor cego e os papéis que não nos pertencem para que possamos passar pela evolução da consciência. Muitas vezes, basta um "não" ou um "sim" para tomarmos as rédeas do nosso destino, ainda honrando e respeitando aqueles que nos deram a vida. Essas duas palavras podem nos permitir ter firmeza e estabelecer a ordem, nos dão o poder de escolha, mantendo-nos longe da culpa, do remorso e da raiva por qualquer tipo de situação que possa se apresentar.

## A RELAÇÃO INVERSA: DE PAIS PARA FILHOS

Tudo o que expliquei até aqui vale inversamente para pais que colocam os filhos em desordem ao tomar decisões por eles, achando que mandam na vida dos filhos e são os únicos que sabem o que é melhor para eles. Alguns pais vivem em depressão profunda e querem morrer, fazendo que os filhos, inconscientemente,

*Sou perigoso(a) para você.*

percebam isso e prefiram morrer no lugar dos pais para poupá-los dessa dor. Existem também os casais que brigam demais e, depois da separação, ficam falando barbaridades sobre o cônjuge perto dos filhos, invertendo a hierarquia e incitando uma culpa inconsciente que esses filhos sentirão ao simplesmente demonstrarem amor pelo parente em questão. Brigas também fazem com que alguns filhos queiram interferir na relação, muitas vezes sendo até incentivados a fazer isso para tomar partido de alguém.

Não é natural ficar do lado de um pai ou de uma mãe. Não é normal fazer com que os seus filhos escolham você em detrimento do outro. Não devemos pedir que os nossos filhos interfiram em nossos relacionamentos. E nós, como filhos, não devemos interferir, ainda que nos seja pedido. Mesmo em casos de muitas brigas, talvez pareça um tanto difícil ler o que comentarei aqui, mas é preciso assumir um papel de neutralidade e se manter na própria posição hierárquica. Por quê? Alguns casais brigam a vida toda e não se separam porque provavelmente existe um laço invisível que os une e que não somos capazes de enxergar. É uma dinâmica entendida apenas pelo casal.

Assim, quando caímos na armadilha de tentar salvar um pai ou uma mãe, estamos desconsiderando que existem outras questões que afetam a vida deles e que não dizem respeito à nossa história. Independentemente de como tenha sido a sua criação, seja com uma mãe ou um pai ausente, é preciso entender que existe um pertencimento para esse familiar e que ele deu a vida a você. Em relacionamentos afetivos entre adultos, como vimos anteriormente, não existem vítimas. Metade do que aconteceu de bom e de ruim é responsabilidade de cada um.

*O que eu achei que não recebi dos meus pais, eu cobro de você.*

Como adultos, precisamos entender que teremos e permaneceremos em um relacionamento a partir da nossa própria vontade. Existem muitas nuances neste assunto, mas a verdade é que na maior parte do tempo temos a possibilidade de ficar ou ir embora. É aquela famosa história: quando um não quer, dois não brigam. As dificuldades chegam, muitas vezes o casamento já acabou, os parceiros não estão disponíveis sexualmente, acontecem traições e eles se colocam em papel de vítima, mas não se separam, deixando apenas o sentimento de raiva para que os filhos carreguem adiante.

Já atendi inúmeras constelações em que existe traição no relacionamento afetivo pelo simples fato de que um dos parceiros não está disponível como homem ou mulher para o outro. O casamento acontece, aparentemente o relacionamento está ali, mas a pessoa não está disponível para o amor de corpo e alma. O parceiro até fica nesse relacionamento, mas muitas vezes busca no mundo externo o que não está encontrando dentro de casa.

Percebo que muitos pais vão constelar problemas que têm com os filhos, mas se esquecem de olhar para si mesmos, suas próprias questões internas. Como vimos, muitos filhos vivem uma condição de amor cego e incondicional em relação aos pais e sentem que podem salvá-los, então, ao envolver os filhos nos relacionamentos, muitos pais geram desordem na vida deles e acabam transformando isso em problemas que precisam ser resolvidos, sem olhar a raiz do que está acontecendo.

O casal, ao não resolver os próprios problemas e passar isso adiante para os filhos, acaba causando situações insustentáveis. Sobre isso, existe uma verdade incontestável: olhar para os seus filhos é olhar para o espelho da sua existência e do seu relacionamento. Os seus filhos refletem tudo aquilo que você passou e transmitiu,

*Eu tenho um segredo. Por favor, me ajude.*

então pense nos problemas que os seus filhos podem estar vivendo a partir do prisma de que, muito provavelmente, esses problemas sejam reflexo de situações e desordens que você criou.

Sei que dói ler isso, mas precisamos aceitar que temos um papel importante na vida de quem amamos. Para que você entenda melhor as consequências dessa transferência de papéis, quero contar uma situação que aconteceu com uma mulher que constelei há alguns anos.

Essa mulher, quando criança, tinha vivido a separação dos pais com muita dificuldade e carregou esse trauma ao longo de toda vida. Na época, os pais envolveram os filhos no processo de mágoas da separação e isso desencadeou muitas questões na vida dela. A mãe falava do pai como se ele tivesse abandonado a família, e ela carregava esse abandono em formato de repetição do sistema a partir dos próprios relacionamentos. Na época, a filha estava internada no hospital, e vimos no campo que a doença grave dela estava relacionada aos traumas pessoais não resolvidos com os próprios pais durante a separação. A mãe controlava a vida da filha, que, por sua vez, implorava pela liberdade de escolha.

Filhos que sofrem traumas comumente se transformam em pais controladores. No caso dessa mulher, ela havia vivido de perto o trauma da separação dos próprios pais e, por não conseguir ter controle da situação, agora tentava controlar cada passo da própria filha. A história estava se repetindo. Se pensarmos que cada um tem o próprio lugar na hierarquia, com um lugar de chegada e de pertencimento, essa proteção extrema é prejudicial e infundada.

Como solução, fizemos um movimento de cura em que ela olhava para os próprios pais e mostrava que agora era adulta e já não

*Eu pago o preço por essa decisão.*

precisava mais se preocupar com o que havia acontecido. Foi algo muito importante para o crescimento dela e a melhora da filha.

Muitas vezes achamos que estamos passando por determinadas situações porque estamos sendo castigados, mas espiritualmente vivemos certas coisas para olhar para o que está em desequilíbrio e aceitar, agradecer e seguir em frente. Olhar para as situações e entender como superá-las é um processo que evita a postura de vítima ou super-herói e promove o crescimento pessoal. Quanto mais olharmos para o que está em desordem desde o nosso primeiro respiro aqui na Terra, mais poderemos lidar com os desafios e beneficiar a nossa geração e as futuras.

## A SENSIBILIDADE DAS CRIANÇAS

Filhos têm o direito de saber a verdade sobre os pais biológicos. Essa é uma das verdades incontestáveis que precisamos carregar na nossa vida. Crianças são muito sensíveis e percebem o que está ao redor, assim, esconder ou mentir é assinar uma declaração de desequilíbrio.

Uma das minhas primeiras constelações aconteceu com uma mãe que havia levado a filha para falar sobre cleptomania, que é um transtorno que faz a pessoa sentir uma necessidade incontrolável de cometer furtos. Na sala, estavam apenas representantes femininas, então pedi para que a criança relatasse o que sentia quando olhava para a pessoa que estava à frente dela. Ela disse que sentia saudade. Quando perguntei de quem ela sentia falta, respondeu que era da tia. Logo em seguida, coloquei mais uma representante no campo, e a criança disse que aquela pessoa não ia mais visitá-la e que sentia muito a falta dela. Ao perguntar sobre quem era aquela pessoa, ela disse que era o tio, ex-namorado da irmã da mãe.

*Eu traí você.*

A mulher que havia trazido a criança arregalou os olhos, ficou perplexa e não se moveu. Agradeci a criança e pedi para que outro responsável ficasse do lado de fora da sala com ela. Questionei a mãe sobre a história, e ela contou que, enquanto o marido viajava, ela tinha passado um tempo na casa da irmã e se relacionado com o cunhado, engravidando da menina. Perguntei se ela tinha dúvida sobre a paternidade, e ela respondeu que sim, pois o marido havia voltado um tempo depois e eles seguiram com a relação normalmente. Entretanto, a irmã não falava mais com ela.

É claro que o teste de paternidade é insubstituível, mas o que quero mostrar aqui é como as crianças sentem no coração o que acontece. Essa mãe havia escondido a verdadeira história do nascimento da própria filha e estava vivendo as consequências dos fatos. Qual conclusão podemos tirar disso? Mesmo sem querer, as dinâmicas do Universo nos regem. Precisamos assumir a responsabilidade por nossa felicidade, por colocar em ordem o que está em desequilíbrio, por entender o que está por trás do que nos acontece. Portanto, fazer esse movimento de consciência nos leva ao último tópico deste capítulo.

## ACEITAR, AGRADECER E SE DESPEDIR

Algumas pessoas acham que conseguem evoluir apenas por meio da própria família. Ela é importante na nossa vida? Sim, mas não é o único fator determinante para a nossa felicidade. Aqueles que conseguem olhar para fora e ampliar a própria visão em relação à vida trilham um caminho de muito mais sucesso e felicidade. Aqueles que trabalham e fazem coisas que vão além da própria família, prestando serviço à humanidade, fazem um movimento amplo de expansão da própria jornada.

*Eu fui traída porque me traí.*

Nesse sentido, sempre gosto de dizer que a constelação não pode ser vista como uma válvula de escape, mas sim como uma resposta para o que está em desequilíbrio. Não adianta constelar um tema por sentir muita raiva do pai e então transferir essa raiva para a mãe. Não adianta entender a raiz do problema se não for utilizar esse aprendizado para aceitar, agradecer e se despedir daquilo que te machucou. Não adianta construir esse caminho de consciência se não entendermos que precisamos ser grandes e retribuir o nosso conhecimento ao mundo para que possamos estabelecer uma relação de equilíbrio e de troca com o todo.

A missão da constelação é dar lugar às coisas, olhar para a verdade que nos rege, colocar a nossa vida na posição hierárquica correta, porque todos pertencemos a algum lugar. A partir da constelação, portanto, a sua postura precisa mudar. Seja como pai, mãe, filho, filha, marido, esposa, amigo, amiga, cliente, colaborador, funcionário, parceiro etc. Fazer isso é perceber que a vida não existe só porque Fulano ou Sicrano estão ali, ou porque o seu emprego é tudo o que você tem, ou porque o nosso corpo é sagrado, e sim porque entendemos que isso tudo vai acabar em algum momento e precisamos honrar o que aconteceu para que possamos seguir em frente.

Bons pais entendem que os filhos precisam seguir o próprio caminho e tomar as próprias decisões. Bons filhos deixam o amor cego de lado, honram a própria história e seguem seu caminho. Isso pode ser feito com um rito de passagem, por exemplo. Seja para o momento em que um filho vai sair de casa e morar em outro lugar ou para o fim de um relacionamento conjugal, mas eles são importantíssimos para marcar o fim – pacífico – de uma fase da vida. Filhos que têm coragem de seguir a própria história e não mais apenas servir aos pais cumprem o próprio papel de equilíbrio. Pais que

*Eu fui abandonada porque me abandonei.*

libertam os filhos para que vivam a própria vida garantem ordem nas próximas gerações.

Esse é um movimento que faz com que a nossa essência esteja em algo muito mais amplo. De consciência. É um movimento que demonstra gratidão de ambas as partes. Sem manipulação, frustração, tristeza e dependência, e sim com gratidão profunda de que não podemos mais esperar nada do outro. Nem dos nossos pais, nem dos nossos filhos. Não importa o que aconteça, sinta sempre gratidão. Um dia todos compreenderemos exatamente por qual motivo as coisas aconteceram como foram. A vida vai criando situações que nos tiram da zona de conforto para que possamos estar em constante crescimento. Quanto mais rápido entendermos e nos despedirmos dos relacionamentos com gratidão, mais rápido teremos prosperidade, sucesso e alegria.

**SÓ SE PODE VIVER COM PLENITUDE QUANDO EXISTE UMA REAL GRATIDÃO INTERNA POR ESSA OPORTUNIDADE DE ESTARMOS VIVOS, OPORTUNIDADE QUE RECEBEMOS DOS NOSSOS PAIS. E O QUE ACONTECEU NÃO IMPORTA, O QUE FICOU PARA TRÁS DEVE SER OLHADO COM CLAREZA PARA QUE A VIDA ANDE. É PRECISO OLHAR PARA FRENTE PARA VERMOS UM FUTURO AMPLO E REPLETO DE POSSIBILIDADES.**

Assumir as rédeas da nossa vida é assumir que, para crescermos espiritualmente, precisamos ter responsabilidade com tudo o que fazemos e como reagimos às situações. Começamos a entender o que a nossa alma percebe como valor e como isso está refletindo nas nossas relações. Isso é escolher com a alma, com ela completa e com toda a plenitude que nascemos para ter.

*Você não tem nada a ver com isso.*

### Exercício: pais e filhos

**1.** Feche os olhos e perceba como se sente em relação aos seus pais. Internalize energias boas a partir de tudo o que aprendeu aqui e escreva abaixo como você poderá, a partir de agora, aceitar, agradecer e se despedir daqueles que lhe deram a vida.

........................................................................................
........................................................................................
........................................................................................
........................................................................................
........................................................................................

**2.** Para que você possa fazer esse movimento de libertação, quero que fale as seguintes frases curativas para si mesmo:
- Minha mãe, eu agradeço por todos os lugares internos a que você me levou.
- Meu pai, você me levou para lugares importantes para o meu crescimento interior, e eu agradeço.
- Eu me entrego às infinitas possibilidades do destino.

**3.** Caso você seja pai ou mãe, quero que analise se está carregando os problemas do seu relacionamento para a vida dos seus filhos. Como você vê essa questão? Como pode mudar isso?

........................................................................................
........................................................................................
........................................................................................
........................................................................................
........................................................................................

*Me sinto despreparado(a), pois ainda me sinto uma criança.*

**4.** Mesmo que o seu filho seja pequeno, quero que veja essa relação com liberdade para que os ritos de passagem aconteçam com equilíbrio quando a hora chegar. Escreva a seguir os *insights* que estão dentro do seu coração sobre esse assunto.

........................................................................................................................
........................................................................................................................
........................................................................................................................
........................................................................................................................
........................................................................................................................

# 08.
## MUDAR PARA EVOLUIR

*O que você procura está procurando por você.*
– Rumi[29]

Joe Dispenza, bioquímico, neurocientista, palestrante e escritor best-seller, faz uma reflexão poderosa de como podemos criar uma realidade diferente para a nossa vida. Em *Como se tornar sobrenatural*, ele comenta:

> *Se você não vai além do que pensa ser e de como foi condicionado a acreditar que o mundo funciona, não é possível criar uma nova vida ou um novo destino. Então, em um sentido bem real, você tem que sair do seu caminho, transcender a lembrança de si mesmo como uma identidade e permitir que algo maior que você, algo místico, assuma o controle. [...] Se recriamos o passado dia após dia, tendo os mesmos pensamentos e sentindo as mesmas emoções, transmitimos o mesmo campo eletromagnético muitas e muitas vezes, enviando a mesma energia com a mesma mensagem. Da perspectiva de energia e informação, isso significa que a mesma energia do nosso passado continua transmitindo a mesma informação, que então continua criando o mesmo futuro. Assim, nossa energia é essencialmente igual ao nosso passado. A única maneira de mudar*

---

[29] RUMI, J. M. *In*: PENSADOR. Disponível em: https://www.pensador.com/frase/MTI0MTY4Nw/. Acesso em: 17 jul. 2024.

*Eu aprendo com o que você me mostra.*

> *nossa vida é mudar nossa energia – mudar o campo eletromagnético que transmitimos constantemente. Em outras palavras, para mudar nosso estado de ser, temos que mudar como pensamos e como sentimos.*[30]

Em uma análise pessoal do que ele traz, acredito que precisamos assumir a nossa verdadeira identidade espiritual, romper a bolha em que vivemos sem lucidez para que possamos mudar a realidade. Precisamos fazer diferente, dar espaço para o novo, olhar para a maneira como estamos lidando com as nossas relações, para o que aconteceu no passado e para como vamos encarar o futuro.

Pensando nesse tema, quero explicar alguns fatores fundamentais nesse processo de evolução de consciência. Até então, é como se você estivesse na dinâmica que Tom Hanks viveu no papel de Forrest Gump, quando o personagem decide correr sem parar e sem pensar no porquê. Ele sabe que precisa daquilo, sabe que é importante, mas não consegue explicar exatamente por qual motivo o faz. Depois de algum tempo, para e decide que não precisa mais correr. Era como se, internamente, ele finalmente tivesse se perguntado por qual motivo estava fazendo aquilo. E tivesse decidido que era hora de mudar.[31]

É provável que você esteja vivendo essa mesma situação: correndo sem rumo e sem parar por anos, mas sem saber exatamente qual é o motivo para estar fazendo isso. Correndo de algo que aconteceu na sua vida, no seu passado, no seu sistema familiar. Corren-

---

[30] DISPENZA, J. **Como se tornar sobrenatural**: pessoas comuns realizando o extraordinário. São Paulo: Citadel, 2020.

[31] FORREST Gump: o contador de histórias. Direção: Robert Zemeckis. EUA: Paramount Pictures, 1994. Vídeo (142 min). Disponível em: www.primevideo.com.br. Acesso em: 6 dez. 2024.

*Eu não sou vítima.*

do de algo oculto que você não consegue identificar, mas que está aí fazendo com que os problemas se repitam. Assim somos nós: de maneira inconsciente seguimos hábitos, crenças e padrões pelo conforto de não fazer diferente, correndo pela vida e pela segurança de pertencer. Mas chegou a hora de parar com esse padrão.

## BOA CONSCIÊNCIA, MÁ CONSCIÊNCIA

O caminho para a felicidade e evolução muitas vezes é solitário, e nesse processo de evolução espiritual é preciso entender se seguiremos a boa consciência ou a má consciência da nossa história familiar. Nesse contexto, a boa consciência significa seguir exatamente o que o nosso grupo familiar segue, e a má consciência significa transgredir as regras e ir além do que o grupo foi, correndo o risco de perder o sentimento de pertencimento desse sistema. A boa consciência é ser fiel ao sistema familiar. Por medo de nos sentirmos excluídos da nossa família, grupo do qual participamos, acabamos nos tornando iguais na felicidade e no sofrimento, com o intuito simplesmente de pertencer a esse núcleo. Você se sente assim?

Recebi um homem há alguns anos que queria constelar individualmente. A queixa era que ele tinha uma doença há mais de quarenta anos e não conseguia melhorar. Tentei entrar no campo dele e senti uma barreira muito forte. Perguntei se a família tinha uma religião específica, e ele contou que estava excluído do núcleo familiar justamente porque tinha decidido ser espírita. Conversamos por um tempo, e o que foi mostrado na constelação era que a doença era relacionada ao fato de ele não suportar a culpa de ter seguido outra religião, deixando de pertencer ao sistema familiar. Ele seguiu a má consciência, mas não conseguiu deixar no passado a culpa de transgredir as regras.

*Se aprendo a receber.*

Em outra situação, havia uma família composta de professores. De repente, nesse sistema, uma das filhas decidiu que gostaria de ser bailarina. A família não aceitou, e essa mulher precisou decidir se ficava na boa consciência para seguir como professora ou se iria para a má consciência para transgredir as regras. Também é possível acontecer esse processo quando uma família tem uma condição financeira menor e um dos filhos consegue transgredir as regras e ter muito dinheiro. Se essa mudança acontecer sem culpa de estar na má consciência, a passagem acontecerá com leveza. Caso esse filho carregue a culpa de estar na má consciência, ele pode viver no elástico invisível que comentamos anteriormente e perder tudo.

São inúmeras situações que definem a boa e a má consciência: filhos que decidem se casar contra a vontade dos pais e são deserdados; filhos que decidem mudar de cidade, país ou região e são penalizados; mulheres que engravidam quando solteiras e são expulsas de casa; filhos que decidem seguir uma profissão que vai contra a história da família ou uma religião que não pertence ao núcleo. A transgressão das regras familiares pode fazer que o indivíduo decida ficar para sempre na boa consciência simplesmente porque precisa pertencer ao grupo, porque sente medo de fazer diferente ou culpa pela mudança.

Isso acontece porque vivemos embaixo de um guarda-chuva pequeno, o familiar, e para evoluirmos precisamos ir para o guarda-chuva maior, que é o de Deus, um lugar que contempla tudo e todos do jeito que são, independentemente das diferenças. Para fazer isso, é preciso ter evolução com consciência, assim não correremos o risco de sermos afetados pelo não pertencimento. Transgredir é, muitas vezes, levantar uma bandeira diferente daquela que o seu sistema carrega, porém, se brigarmos para levantar essa bandeira, criamos guerras. E isso causa desordem.

*Se você me leva para a polaridade é porque eu também estou na outra polaridade. Vou agora para o caminho do meio.*

A má consciência, em geral, começa no nosso período escolar, na troca de aprendizado cultural e social com outras crianças. Depois, na adolescência, a má consciência começa a dar indícios quando passamos a perceber que o mundo é maior e diferente daquilo que é pregado dentro de casa. Ali temos outra oportunidade de fazer diferente. Ao escolhermos a nossa profissão e os nossos parceiros, também sofremos com o peso da má consciência, assim como nos nossos hábitos religiosos, financeiros e tudo o que fazemos no nosso dia a dia. São escolhas diárias que ditam se estaremos em ressonância com o que o nosso núcleo familiar apoia ou não. Se estaremos em um estado identificado com a nossa família, ou seja, presos à história dela, ou se evoluiremos. A má consciência é necessária para que a evolução exista. É preciso incluir pessoas e hábitos diferentes para sermos grandes e deixar de lado a atitude moralista extrema de que existe apenas um lado certo ou errado.

Esse moralismo, isto é, essa atitude que defende determinados preceitos morais e divide tudo entre certo e errado, é prejudicial para a nossa evolução. Bert Hellinger dizia sempre que os moralistas são os maiores assassinos da natureza. *Mas por quê?*, eu questionava. Quem são os moralistas? Em um primeiro momento, entendi que são aqueles que preservam a moral em nome de algo: religião, cultura, ideologia, política ou história. Depois, analisando melhor essa definição, percebi que eu mesma julgava muito os outros com base nas minhas crenças e no que eu acreditava que era moralmente certo ou errado. Eu levantava bandeiras específicas e precisava mudar isso para que eu mesma não fosse uma moralista.

Esse julgamento pode começar como algo simples, como uma brincadeira sobre um time de futebol, sobre um goleiro que não

> *Eu não julgo mais, aprendo a enxergar o que estava por trás da sua atitude – e com certeza é dor.*

é bom, e vai se transformando em algo maior até tomar conta de todos os contextos da nossa vida. De modo silencioso – e cego –, olhamos mais para as bandeiras que estamos levantando do que para as pessoas que estão por trás disso tudo. Carnívoros × vegetarianos/veganos, time A × time B, rico × pobre, branco × negro, pai × filho, mãe × filha, marido × esposa, vítima × perpetrador, partido político A × partido político B, esquerda × direita, cultura A × cultura B, certo × errado. Mas tudo isso cai por terra quando conseguimos, de fato, olhar nos olhos de quem ainda nos causa dor e perceber que sempre temos 50% de parte no que aconteceu conosco. Sempre existe uma história certa que está por trás do aprendizado que precisamos ter. É uma grande ilusão acreditarmos que somos vítimas. Como resultado, culpamos o próximo e não percebemos que só deixa de existir dor quando há luz, consciência e compreensão.

Só podemos mudar a nossa parte no que aconteceu, jamais a parte do outro. Quanto mais brigamos para ter razão, para sermos olhados pelo outro da maneira como queremos e sermos reconhecidos como achamos ser adequado, menos teremos consciência e evolução. Quanto mais você tentar provar que está certo e que a sua bandeira é a adequada, mais brigas, guerras e problemas em sociedade viverá. Ao abrir mão das suas bandeiras, você se sentirá leve, amoroso e naturalmente disponível para que o bem esteja na sua jornada. Helen Schucman (1909-1981), psicóloga clínica estadunidense, pesquisadora e autora best-seller, comenta em *Um curso em milagres*: "Esquecendo todas as nossas percepções equivocadas e sem nada do passado para nos deter, podemos nos lembrar de Deus".[32]

---

[32] SCHUCMAN, H. **Um curso em milagres**. São José do Rio Preto: Mera, 2019. *E-book*.

*Eu aprendo com a sua história.*

Ir para a má consciência é uma oportunidade de mudar padrões e olhar para as pessoas de dentro da nossa família como algo mais amplo, que vive diferentes realidades e escolhe dar passos diferentes daqueles que damos. Assim como você escolhe os seus passos, as pessoas que estão ao seu redor precisam ter autonomia para escolher também. Pelos que vieram antes de você e deram grandes passos e pelos que virão depois e seguirão em novas direções, é preciso abrir a possibilidade de mudança na sua vida. Isso é evolução. Quando você evolui, consegue seguir o seu caminho com liberdade e sem culpa.

O que você fez de diferente da sua família? Escolheu outra religião, outra profissão? Separou-se? Não teve filhos? Casou-se com um homem ou uma mulher muito mais jovem? Relaciona-se com alguém do mesmo gênero? Dirige? Viajou para o exterior? Tirou um diploma universitário? Não se casou? Pense em tudo o que você fez de diferente e pode estar gerando culpa em você. Pense também se você, a partir do moralismo cego, pode estar julgando as pessoas próximas pelo simples fato de elas terem escolhido caminhos diferentes. A solução, em primeiro lugar, é não julgar os que vieram antes e os hábitos, as escolhas e a maneira como vivem. É olhar o que veio antes com amor, sem críticas, e seguir com a consciência de que você pode deixar de sentir culpa por ser diferente.

Achamos que para amar e sermos amados precisamos ser iguais, ter o mesmo destino, mas tudo está em movimento, e cada membro da família precisa evoluir de acordo com as próprias capacidades e necessidades. Ter liberdade para ir para a má consciência é o movimento de evolução que precisamos fazer na nossa jornada. Você ainda pertence ao seu sistema familiar, mesmo sendo diferente. Isso não faz de você melhor ou pior, apenas alguém que tomou decisões

*Eu vou encontrar o sentido do que aconteceu comigo, vou me responsabilizar pela minha parte em ter atraído isso para mim.*

únicas em relação àqueles que estão na sua vida. É uma atitude que honra a família, aqueles que vieram antes e que estão ao seu lado, mas que também decide com leveza seguir um novo caminho.

Ter essa consciência é conseguir seguir para a sua verdadeira identidade espiritual, é vibrar o amor, o propósito e celebrar as diferenças. É uma oportunidade de mudar padrões e enxergar como a vida é ampla, dar um passo por si mesmo e honrar os passos dados por aqueles que vieram antes de você. Mesmo os que sofreram evoluíram, e agora é a sua vez de evoluir e poder dar passos por si próprio.

Agora, quero que você feche os olhos e mentalize esta frase algumas vezes: "Por favor, me ame mesmo que eu tome decisões diferentes das suas". Faça isso pensando em todos os pontos que comentei. Internalize essa energia boa dentro de você e sinta essa vibração positiva entrando na sua jornada.

## FREQUÊNCIA DO NOME: ORDEM OU DESORDEM?

Em uma sessão com uma cliente, perguntei o nome completo dela e senti algo muito estranho ao escrevê-lo no papel. Era um nome comum, mas havia algo relacionado a ele, então perguntei se ela sabia qual era a história de quando os pais haviam escolhido aquele nome para ela. Ela relatou que, na época, o pai morava no Rio de Janeiro e, lendo um jornal local, viu uma pequena nota sobre uma garota que havia morrido afogada. Ele gostou daquele nome e decidiu colocar na filha. Chocada, fiquei me perguntando por qual motivo alguém decide escolher um nome inspirado em uma história trágica. Fizemos a constelação e vi que o nome dela representava algo muito doloroso para a família do pai, uma morte prematura de um antepassado que representava um trauma familiar.

*Eu ganhei com isso.*

Inconscientemente, aquele pai, ao escolher o nome da filha a partir da nota no jornal, expressou aquele trauma.

ESSE É O PODER QUE UM NOME TEM. ELE PODE MUDAR TUDO. PODE MUDAR A SUA HISTÓRIA, O SEU DESTINO, O QUE ACONTECE COM VOCÊ. ENTENDER O NOME É UM DOS PASSOS DE EVOLUÇÃO QUE PRECISAMOS DAR.

Nos meus cursos, dedico sempre o primeiro módulo para olhar o que está por trás do nome, como ele vibra e influencia a nossa história. Olhar para o nome a partir do campo mórfico da constelação é uma ótima maneira de entender essa dinâmica, assim como a numerologia, que é fundamental para ver o número que vibra o seu nome e quais energias ele emana. Existem muitas maneiras de utilizar a numerologia para descobrir o que está por trás do seu nome, e você pode procurar um profissional numerólogo para fazer isso.

A constelação dá uma visão muito mais abrangente desse nome, porque vai além e olha para o seu sistema familiar, mostrando dinâmicas ocultas que podem carregar sofrimento, leveza, alegria, harmonia, raiva e segredos. Muitas vezes, um sobrenome excluído pode sentir necessidade de pertencimento. Outras vezes, colocar o sobrenome do marido ou da esposa pode trazer o peso daquela família para o seu sistema pessoal.

Ao olhar para o nome, já presenciei muitos segredos ocultos sendo revelados, como a descoberta de que existia outro pai biológico na história de um homem e isso ser confirmado mais tarde por meio de um teste de paternidade. Os segredos são mostrados na constelação não para que possam ser condenados, mas para que possam colocar em ordem algo que está desequilibrado.

*Fui conveniente.*

Sobrenomes de pai e de mãe interagem entre si a partir dos filhos, e apelidos podem representar pessoas excluídas da família.

Outro fato aconteceu com um homem que constelei há alguns anos, que tinha um nome composto. Quando ele escolheu os representantes para cada um dos nomes, senti que deveria perguntar qual era a origem do segundo nome. Ele contou que não gostava daquele nome porque era o mesmo utilizado pelo pai e que havia uma história na família que não era comentada.

Aparentemente, o avô dele não poderia mais ter filhos e a avó havia engravidado de outro homem. Fizemos a constelação, colocamos os representantes para a avó, para o avô e para o suposto homem que havia engravidado a avó. Também colocamos os pais no campo, e foi mostrado que o segundo nome dele estava representando esse segredo familiar. Ele não gostava do nome porque o próprio pai ainda excluía o pai biológico, que realmente era o terceiro homem na história. Era uma desordem que se repetia e precisava ser vista para entrar em equilíbrio.

Quando um filho morre, muitos pais colocam o mesmo nome do irmão morto nas novas crianças, mas um filho não substitui o outro, e é muito pesado fazer isso com a história de uma grande alma que acabou de nascer. Aquele filho perdido fica sem ter o próprio lugar no campo familiar, e o filho nascido vive o destino do irmão morto.

Outro exemplo da força do nome aconteceu quando fiz a constelação de um rapaz homossexual que chegou com um sentimento de tristeza muito profundo, porém sem motivo aparente. Tudo estava bem, ele tinha uma carreira promissora, estava em um relacionamento estável e não existia nenhum motivo para aquela frustração constante. Na constelação, vimos que, por ele ser filho

*Os pais certos para mim.*

único e ter decidido que não teria filhos, o sobrenome dele acabaria por meio da própria história. Não haveria continuidade naquela árvore genealógica. Muitas vezes somos os últimos a fechar a porta do nosso sobrenome e, por algum motivo, não é mais necessário que ele exista. São regras e dinâmicas de que não temos conhecimento, mas precisamos respeitar. Esse rapaz se sentia muito triste por isso, mas depois da constelação compreendeu essa verdade e aceitou a própria função.

Assim, quero que você procure entender qual é a verdadeira história por trás do seu nome. Como ele pode estar influenciando a sua vida e o que acontece com você. Você sabe de onde vem a inspiração do seu nome? Você tem o sobrenome do seu pai e da sua mãe? Tem algum apelido? Você colocou o sobrenome do seu marido ou da sua esposa no seu nome? Como se sente em relação a tudo isso? Procure refletir sobre esses pontos, pois essa iluminação é mais um dos passos que precisamos dar para mudar a nossa vida e, consequentemente, evoluir. Procure a constelação e a numerologia para entender o seu nome. Tenho certeza de que muitas coisas ficarão mais claras para você depois disso.

Entender essas dinâmicas é colocar a verdade a serviço da nossa vida. Isso é o que nos dá força para evoluir. A verdade dá força para termos saúde, prosperidade, alegria e equilíbrio. Nos faz perceber que somos maiores e que, ao honrar a nossa história, podemos tomar as melhores decisões para a nossa vida, independentemente de como as coisas tenham acontecido.

# 09.
## USE A TECNOLOGIA ESPIRITUAL A SEU FAVOR

*A ciência exclui Deus. A religião aprisiona Deus.
A espiritualidade vê Deus em tudo.*
– Nisargadatta Maharaj [33]

No ponto mais profundo da jornada de evolução humana, há uma busca constante pela compreensão do eu real e da conexão com algo maior do que nós mesmos. Evoluir a consciência é também dar um salto quântico na vida. Para transformarmos esse processo em algo acessível e possível, quero apresentar para você o conceito de tecnologia espiritual, isto é, um conjunto de ferramentas, práticas, metodologias e sistemas que tem como objetivo facilitar a expansão da consciência, promover o autoconhecimento e cultivar uma conexão mais profunda com o divino e o Universo.

São tecnologias que variam desde os antigos sistemas de cura até práticas contemporâneas e são ferramentas valiosas para todos aqueles que buscam explorar os mistérios da própria existência e aprofundar a jornada interior. É uma maneira de nos aproximarmos do nosso eu real, sairmos do movimento egóico em que estamos até agora, abrindo novas portas para explorar a verdadeira consciência que existe em nós. O eu egóico é aquele que está machucado, ferido e inconsciente. Mas esse ego não é ruim. Ele está ali apenas para nos mostrar que somos inconscientes e temos pontos a serem melhorados e transmutados. Olhar para as tecnologias espirituais é entender que dentro de todos nós existem lados opostos, de luz e de sombra, e que para abraçarmos esse processo de evolução e nos conhecermos melhor precisamos de técnicas que vão nos auxiliar ao longo da jornada.

---

[33] MAHARAJ, N. **The ultimate medicine**. Índia: Motilal Banarsidass Publications, 1996. Tradução nossa.

*A história certa para o meu crescimento.*

Assim, quero fazer um convite muito especial para você se conhecer, buscar possibilidades diferentes das que tem procurado até então. Para que evolua e cresça. Para que esteja em um estado de percepção constante, ou seja, olhando atentamente para a sua vida e para o que está acontecendo com você. Para que esteja preparado para viver tudo o que a vida tem a oferecer. Esse é o meu objetivo, por isso falaremos de dez tecnologias espirituais que o ajudarão a buscar respostas a partir de agora.

Vale reforçar, contudo, que a minha intenção não é explicar em detalhes cada uma delas nem mostrar o caminho pronto, mas apresentar os parâmetros iniciais para que você possa entender a essência delas e incluir a prática na sua vida. Depois, com esse conhecimento, você poderá entender por onde começar e o que deve buscar para abrir a sua mente e estar em sintonia com o plano divino. Mostrarei o caminho, e você buscará o passo a passo. Combinado? Espero que esteja preparado!

## 1. CONSTELAÇÃO FAMILIAR

Apesar de o tema ter passado como pano de fundo em toda a nossa jornada, não vejo outra maneira de começar a falar sobre tecnologias espirituais sem mencionar a constelação familiar. Como vimos, essa prática – que nada mais é do que espiritualidade aplicada – foi criada por Bert Hellinger e difundida no mundo inteiro para que as pessoas pudessem olhar para as dinâmicas ocultas que as envolvem.

Para mim, hoje, a constelação familiar é a técnica mais clara para que possamos ver o ego e a espiritualidade, para identificar onde estamos presos, onde ainda somos ignorantes e o que está acontecendo na nossa vida. A constelação leva a luz onde há sombra, assim como aconteceu recentemente como uma mulher que constelei.

*Eu honro as profissões da minha família.*

Ela chegou até mim porque o filho havia sofrido um acidente muito grave de carro e não estava andando. Coloquei os representantes dela e do filho no campo e fiquei muito surpresa ao perceber que a mãe estava paralisada enquanto o filho a encarava. Ali, juntos, conseguimos ver que a mãe estava sem se movimentar, por isso o filho, em um estado de amor e admiração pela mãe, repetia o processo. Quando uma mãe não segue em frente, um filho pode fazer o mesmo movimento para imitar os passos dela. É claro que aqui me refiro ao andar metafórico, em direção ao futuro, movimentar-se, fazer diferente. Mas a ideia é a mesma! A mãe precisava agir de outra forma para que o filho pudesse se sentir liberto.

Ao olharmos para a nossa realidade espiritual a partir da constelação familiar, conseguimos mudar rapidamente. Checamos o caminho que estamos percorrendo até o momento e podemos, a partir da consciência verdadeira, mudar de posição. E assim evoluímos.

## 2. CABALA E TIKUN

No Capítulo 1, falamos da cabala, uma escola de pensamento que está relacionada ao judaísmo. Para que você a entenda, é preciso saber que a Torá, livro sagrado do judaísmo, foi escrito à mão com uma tinta especial em dois enormes rolos de pergaminho, que teriam as mensagens que foram passadas adiante por gerações. Como parte de uma tradição mística do judaísmo, fala-se que as mais de 300 mil letras hebraicas da Torá contêm significados escondidos sobre as leis do Universo e sobre Deus.[34] Indo além, dentro da cabala existe o conceito do tikun, que é a correção que precisamos fazer nesta vida.

---

[34] O QUE a cabala pode fazer por você? **Superinteressante**, 2008. Disponível em: https://super.abril.com.br/historia/o-que-a-cabala-pode-fazer-por-voce. Acesso em: 1 mar. 2024.

*Todos os ventres são sagrados.*

Para a cabala, nascemos exatamente no momento certo e exato:

> *O seu nascimento ocorreu num momento específico porque era naquele preciso momento que s sua alma precisava nascer. [...] Cada um de nós nasceu no exato momento que nos ofereceu a melhor oportunidade de nos tornarmos mais parecidos com a Luz e ascendermos a um nível mais alto de consciência. Ou, colocando de outra maneira, estamos aqui para melhorarmos em compartilhar e nos tornarmos a causa de nossa própria plenitude.*[35]

Nessa filosofia, vivemos problemas e desafios em vidas passadas que nos fizeram tomar determinadas atitudes e construir um muro ao nosso redor que precisa ser desconstruído. Assim, devemos "jogar o jogo até acertar",[36] isto é, a partir do tikun, podemos acertar as contas e escolher diferente. Olhar para as nossas feridas e encontrar maneiras de curá-las. Além de tudo isso, o tikun é um tipo de autoconhecimento que pode ser visto desde a infância para que possamos sempre estimular a evolução.

Caso você não conheça o seu tikun, quero deixar um convite para que você faça a leitura do livro *Astrologia cabalística*, de Philip S. Berg. Existem muitas outras maneiras de procurar o seu tikun, mas essa obra é fundamental e lhe mostrará o caminho.

---

[35] BERG, R. P. S. **Astrologia cabalística**: e o sentido de nossas vidas. Rio de Janeiro: Imago, 2000.

[36] *Ibidem.*

*Eu olho para os abortos da família.*

## 3. SISTEMA DO DESENHO HUMANO

O sistema do desenho humano é uma ferramenta de autoconhecimento que mistura quatro tipos de filosofia: astrologia, cabala, I ching e chacras. Utilizada como uma ciência de diferenciação entre as pessoas, ela leva em consideração a física quântica, a bioquímica, a genética e a astronomia.

O desenho humano surgiu em 1987, na Espanha, quando o canadense Ra Uru Hu, cujo nome de nascimento era Robert Allan Krakower, viveu uma experiência transcendental de conexão com o todo durante a explosão de uma estrela supernova. Acredita-se que, durante oito dias, ele tenha ouvido uma voz que lhe mostrou todo o conhecimento necessário sobre a teoria. Os cinco anos seguintes foram dedicados a uma pesquisa incansável, com cálculos e testes que pudessem provar aquela tese. Foi então que Ra Uru Hu começou a divulgar o método, já estruturado e com linguagem acessível.[37]

O desenho humano é criado a partir da data e do horário de nascimento, moldando um mapa que dá detalhes de quem somos, genética e unicamente desenhados, para que possamos descobrir como funciona nosso sistema interno para a tomada de decisões. Não é um sistema de crenças, mas um mapa concreto que abre as portas do amor-próprio por meio da compreensão e compaixão.

Essa filosofia separa as pessoas em geradores e geradores manifestantes (aqueles que trabalham e geram energia para a vida), manifestadores (iniciam os processos, partem da comunicação para a ação), projetores (guiam a energia das pessoas) e

---

[37] SERAFIM, Isabela. Desenho Humano: o que é e como funciona a ciência da diferenciação. **Glamour**, 2019. Disponível em: https://glamour.globo.com/lifestyle/noticia/2019/01/desenho-humano-o-que-e-e-como-funciona-ciencia-da-diferenciacao.ghtml. Acesso em: 04 jun. 2024.

*Fui eu, eu assumo.*

refletores (estão aqui para descobrir quem são por meio de experiências e interações).[38]

O que fazer com essa sabedoria depois de procurar entender qual é o seu desenho humano? É como se essa ferramenta mostrasse o nosso mecanismo de funcionamento, a partir do qual podemos tomar decisões mais assertivas em relação à nossa vida. O desenho humano mostra como funcionamos, como a nossa mecânica acontece. É um norteador que nos dá as ferramentas para decidir e ter sucesso a partir dessas decisões. Imagine uma comunidade inteira que tem esse conhecimento de si e toma decisões melhores. Com certeza terá mais iluminação, paz e plenitude. Agora, amplifique essa ideia. Imagine o mundo inteiro com essa sabedoria. Com certeza faríamos muitas coisas de modo diferente e entenderíamos muito mais de nós mesmos e dos outros. Essa é a proposta aqui!

### 4. MAPA ASTRAL VÉDICO

O mapa astral védico é uma prática antiga da astrologia indiana que se baseia nos princípios da astrologia védica. Em resumo, é uma maneira de mapear a posição dos planetas e das estrelas no momento do nascimento de uma pessoa e interpretar o impacto disso na vida e na personalidade de cada indivíduo. Isso é feito com cálculos complexos, fornecendo *insights* sobre saúde, relacionamentos, carreira e espiritualidade. É uma das maneiras de se conhecer melhor e tomar atitudes alinhadas ao que você realmente é, já que possibilita observar e avaliar as influências dos astros nos momentos presente, passado e futuro.

[38] Idem.

*Eu agora olho para a sua dor, e não para a minha.*

A principal diferença entre as astrologias védica e a ocidental é que o estudo indiano usa as estrelas do sistema sideral e sete regentes planetários. Considera o deslocamento gradual e contínuo das constelações vistas da Terra, as quais servem como parâmetro para orientação. Com isso, as doze casas desse sistema não coincidem com o modelo ocidental.

É uma tecnologia espiritual muito poderosa, pois nos tira do calendário gregoriano – e cristão – e nos coloca em uma posição de análise de outros sistemas que regem a nossa vida, como as fases da Lua. Oferece cura para o que precisamos, mantras para que possamos repetir e nos regenerar.

Porém, a ideia aqui não é fazer o seu mapa astral védico apenas para entender o seu futuro, mas para conhecer melhor quem você é e ter autoconsciência em relação às suas ações.

## 5. MEDICINA GERMÂNICA E BIODÉCODAGE

No Capítulo 4, falamos da medicina germânica, desenvolvida por Ryke Geerd Hamer[39] para que possamos olhar além das doenças, e não posso deixar de mencioná-la novamente como uma tecnologia espiritual poderosíssima para nos conhecermos melhor. Já a biodécodage, ou decodificação biológica, é uma metodologia criada por Christian Flèche para explicar os significados biológicos dos sintomas das doenças.[40]

---

[39] TUDO sobre a nova medicina germânica. **Educação Médica**, 2023. Disponível em: https://educacaomedica.afya.com.br/blog/tudo-sobre-a-nova-medicina-germanica. Acesso em: 14 fev. 2024.

[40] BIODÉCODAGE: metodologia terapêutica oferece nova abordagem para doenças. **Estado de Minas**, 2023. Disponível em: https://www.em.com.br/app/noticia/saude-e-bem-viver/2023/03/20/interna_bem_viver,1471107/biodecodage-metodologia-terapeutica-oferece-nova-abordagem-para-doencas.shtml. Acesso em: 1 mar. 2024.

*Por favor, olhe para a minha dor.*

Nessa prática, é realizada uma investigação para descobrir o impacto das emoções no bem-estar físico e mental. Por esse motivo, é tida como um complemento para tratamentos médicos e de doenças, já que trabalha na quebra de reações advindas de choques biológicos com causa emocional. A ação de resolução de conflitos tem como base a liberação simultânea de quatro realidades: orgânica, cerebral, psíquica e energética. Em uma sessão de biodécodage, é feita a exploração de memórias, crenças limitantes, transgeracionais e emoções reprimidas para descobrir em que ponto podem afetar a saúde integral da pessoa.

Você pode combinar a medicina tradicional a esses métodos inovadores para tentar entender – e solucionar – o que está por trás dos problemas de saúde. O nosso inconsciente é muito poderoso, e muitas vezes ele dita as regras, ou seja, cada pessoa experiencia os traumas de uma maneira. A separação de um casal, por exemplo, pode significar herpes labial em uma pessoa e eczema em outra. Quando não aceitamos a realidade, isso vira um trauma, e traumas que se transformam em situações repetitivas podem virar doenças.

Desse modo, podemos ter sintomas que têm representações muito mais profundas na nossa alma. E a medicina germânica e a biodécodage podem ajudar a entender esses princípios.

## 6. FREQUÊNCIA DO NOME

No Capítulo 8, falamos em detalhes do poder do nome, e quero que você saiba que entender essa dinâmica é uma das tecnologias espirituais que precisamos incorporar na nossa vida.

Você pode procurar mudar a frequência do seu nome a partir da constelação familiar ou da numerologia, mas o fato é que a frequência vibracional do seu nome se conecta, intrinsecamente, à

*Eu vivo no mundo dos mortos.*

sua energia e ao seu destino. Quando compreendemos e sintonizamos isso na nossa vida, tudo muda.

Reconhecer e trabalhar a energia que está no seu nome ajuda a tomar melhores decisões e alinhar as suas ações com os seus propósitos mais elevados. Então procure esse conhecimento para a sua vida.

## 7. FLORAIS, ACUPUNTURA E MEDICINAS ANTIGAS

Florais, acupuntura e medicinas antigas são algumas das abordagens holísticas para a saúde e o bem-estar. São ferramentas que reconhecem a conexão que existe no nosso corpo, na nossa mente e no nosso espírito.

Florais são essências naturais que buscam equilibrar as emoções e as energias de uma pessoa, promovendo a harmonia interna e externa. A acupuntura, por sua vez, é uma prática milenar da medicina chinesa que utiliza agulhas em pontos específicos do corpo para desbloquear fluxos de energia que podem estar travados. Já as medicinas antigas, como a medicina tradicional chinesa, a ayurvédica e tantas outras, podem ajudar a ter um olhar mais completo para si mesmo, principalmente quando é combinada com a medicina tradicional no tratamento de doenças.

## 8. BIORRESSONÂNCIA

Somos seres individuais, cada um com uma frequência eletromagnética. Partindo desse pressuposto, em 1950, um médico alemão chamado Reinhold Voll (1909-1989) desenvolveu uma técnica que monitorava as mudanças de energia provocadas pela acupuntura. Esse foi um dos precursores da biorressonância.

Vinte anos mais tarde, a técnica de biorressonância (ou avaliação quântica) surgiu para identificar a frequência eletromagnética

*Eu estou casado(a) com a minha mãe.*

do corpo ou de um órgão específico. Essa frequência é medida por meio de eletrodos que são colocados em pontos de acupuntura situados nos pés ou nas mãos e emitem ondas eletromagnéticas, as quais indicam os distúrbios energéticos da pessoa conectada.[41]

Com essa técnica, é possível entender a saúde geral ou particular de alguma parte do corpo e como ela é influenciada pelos mais variados fatores, como emoções, sons, radiação e nutrientes. É uma abordagem holística que reconhece que a energia precede a matéria e que as questões energéticas podem se manifestar como problemas físicos, assim como aconteceu em determinado momento com a minha avó.

Ela estava com um problema no joelho, e eu a levei para fazer uma biorressonância. Vimos que existia um desequilíbrio com a dentadura dela, e isso estava gerando um problema que causava dores no joelho. Fomos a um dentista e comentei a situação. Ele tirou sarro da questão, perguntando o que um problema na dentadura poderia ter a ver com a dor no joelho. Agradeci a atenção e disse que ele não era indicado para cuidar da minha avó, uma vez que não conseguia entender que o joelho e a boca dela estão no mesmo corpo, por isso são influenciados na mesma medida pelos mesmos desequilíbrios. Ele era um profissional segmentado, e você deve tomar cuidado com isso.

Procure sempre profissionais que têm uma visão do todo. A biorressonância é uma ótima maneira de olhar para a energia que está no nosso corpo e descobrir quais são as consequências disso na nossa vida.

---

[41] VILELA, A. **Biorressonância**. Disponível em: https://www.draadrianavilela.com.br/bioressonancia. Acesso em: 4 mar. 2024.

## 9. CHAVES-GENE

As chaves-gene são uma metodologia criada por Richard Rudd, poeta premiado, professor e místico, que teve uma experiência única aos 29 anos, emergindo de um "campo de luz sem limites" por três dias e três noites. Foi assim que ele recebeu o ensinamento sagrado que unifica o cálculo astrológico a uma perspectiva arquetípica da genética. O perfil de cada pessoa é o chamado esquema original, que diz quem você é, como você funciona e, mais do que isso, por que está aqui.[42]

Assim, as chaves-gene são uma síntese de sabedoria prática que pode oferecer uma compreensão mais profunda de si mesmo e do seu verdadeiro potencial a partir da definição do seu perfil hologenético, um mapa personalizado das sequências genéticas que definem os diferentes aspectos das suas características pessoais.[43] É um caminho que incentiva a consciência a partir da contemplação (responsabilidade pelo próprio estado interior), da indagação (sabedoria que surge de dentro), da suavidade (em relação a si mesmo e aos outros) e da paciência (com compaixão, honestidade e curiosidade).

O acesso às chaves-gene pode acontecer de algumas maneiras. A primeira delas é por meio do perfil hologenético, que é uma jornada pelas profundezas da alma, responsável por despertar diferentes aspectos da sua genialidade. A arte da contemplação também auxilia a compreender o perfil, por meio do Guia da Senda Dourada. Os Siddha Mudras (posição sagrada das mãos) também facilitam o acesso à essência mais elevada de cada chave-gene.

---

[42] RUDD, Richard. Sobre as Chaves-Gene. **Chaves-Gene**. Disponível em: https://www.chavesgene.com/sobre-as-chaves-gene. Acesso em: 4 mar. 2024.

[43] CHAVES-GENE. Disponível em: https://www.chavesgene.com. Acesso em: 4 mar. 2024.

*Eu estou casado(a) com a minha família.*

É uma abordagem fascinante para a autodescoberta e o crescimento espiritual, baseada na compreensão dos padrões genéticos e vibracionais que influenciam a nossa jornada na vida. São chaves que estão intimamente ligadas ao conceito do desenho humano e oferecem um mapa para sairmos da nossa sombra e nos alinharmos com o nosso verdadeiro propósito. Somos convidados a mergulhar profundamente no nosso interior, descobrindo nossos talentos latentes e nossa correção genética, ampliando a nossa frequência espiritual.

## 10. REIKI

Reiki, palavra japonesa que significa energia da força vital do Universo, é uma técnica criada em meados do século XIX por Mikao Usui, monge budista. Após vinte e um dias de meditação em um retiro no Monte Kurama, ao norte de Quioto, no Japão, ele teve a experiência de iluminação e expansão dos sete principais centros energéticos do corpo humano. Com isso, aprendeu como utilizar a energia vital para aplicar a cura, sem perder a própria energia.[44]

É uma energia universal disponível para equilibrar a vida no planeta. Para usá-la, somente é necessário saber os símbolos para ativar essa energia, que passa através de nós, e não sai de nós mesmos, por isso não sobrecarrega quem a aplica. É necessário buscar um mestre de Reiki para receber esses símbolos e ser iniciado.

Desse modo, o reiki é uma prática de cura energética que tem sido amplamente reconhecida pela capacidade de promover o bem-estar físico, mental, emocional e espiritual. É uma ferramenta

---

[44] CONHEÇA a prática do reiki e os seus benefícios. **O Tempo**. Disponível em: https://www.otempo.com.br/saude-e-bem-estar/2023/11/3/conheca-a-pratica-do-reiki-e-os-seus-beneficios-1_3267758. Acesso em: 4 mar. 2024.

*Eu estou casado(a) com a minha profissão.*

maravilhosa, que oferece uma abordagem holística para a saúde, canalizando a energia vital universal por meio das mãos do praticante em direção ao receptor a partir de uma técnica neutra, que transcende as barreiras religiosas e culturais e permite que pessoas de diferentes origens e crenças se beneficiem dela sem conflitos. Utilizo o reiki nas mais variadas situações, como contei no Capítulo 1, quando passei por problemas em um voo que estava com as energias desequilibradas.

Essas são as principais tecnologias espirituais que gostaria que você conhecesse para abrir a sua mente e compreender mais sobre si mesmo. Quais delas você já conhecia? Quais vai procurar conhecer melhor? Recomendo muito todas elas!

**AO EXPLORAR ESSAS TÉCNICAS, VOCÊ SERÁ LEVADO A UMA JORNADA QUE BUSCA ATIVAMENTE A EVOLUÇÃO DA CONSCIÊNCIA. SÃO FERRAMENTAS QUE NÃO APENAS TRATAM DOS SINTOMAS FÍSICOS, MAS TAMBÉM ABORDAM AS CAUSAS SUBJACENTES DAS DOENÇAS, RECONHECENDO A IMPORTÂNCIA DA ENERGIA, DA CONSCIÊNCIA E DO PROPÓSITO NA JORNADA DE CURA DE CADA INDIVÍDUO.**

Então, este é o meu convite: conheça-se mais. Procure ir além do que é tradicional, para entender melhor a sua saúde, o que está acontecendo com você e abrir seus olhos e ir além. Que você possa se comprometer com uma jornada de autodescoberta e transformação, lembrando que a cura verdadeira começa de dentro para fora. Esse poder de transformação está dentro de você!

# 10.
# ENTRE NA ONDA DIVINA. O UNIVERSO CARREGA VOCÊ

Assim como a água se molda aos contornos da terra e aos recipientes em que é colocada, fluindo em uma dança perfeita, a vida também se desdobra em um fluxo contínuo de experiências, desafios e momentos. Precisamos nos entregar de alma à nossa vida, com amor. O amor não é uma emoção, é uma energia. A mais poderosa do Universo. **Nós não precisamos esperar o amor dos outros, somos geradores de amor; somos os nossos amantes, o nosso pai, a nossa mãe, o nosso próprio amigo. Com essa descoberta, você pode vibrar no amor, e o amor vibrará de volta até você.**

Na vida, reside uma verdade universal: para viver plenamente, devemos nos conectar com a fluidez do Universo. A felicidade também é uma corrente que se adapta aos obstáculos que aparecem no caminho, assim como a água. E aqueles que aprendem a navegar com leveza e aceitação nas águas turbulentas da vida descobrem a verdadeira essência da felicidade.

A realidade, no entanto, é que assim como a água pode ficar parada – e estagnada – em alguns lugares, a nossa vida também pode perder a fluidez quando ficamos em um estado egóico, identificados e apegados com o passado e sem enfrentar as situações a partir de uma consciência elevada. Precisamos perceber onde estamos, o que estamos sentindo, o que está acontecendo conosco e se estamos em fluidez com o Universo. Essa é a chave para entrarmos em contato com a vida fluida. E é disso que falaremos neste capítulo.

*Você está doente.*

Olhar para a própria vida com consciência é perceber os sinais que estão sendo enviados para a nossa evolução. Quando entramos em sintonia com a nossa vida e saímos do olhar viciado que temos em relação a alguns assuntos, entramos em uma dinâmica de infinitas possibilidades. Passamos a fluir e quebrar a bolha na qual estamos presos. Pense comigo: essa bolha é o padrão de vida que você tem vivido até então. Para avançar, é preciso furar a bolha e olhar além das situações que o aprisionam. As suas necessidades e vontades importam, mas você precisa dar um passo adiante do que está na sua frente agora para olhar além e dar novos passos.

Joe Dispenza apresenta a seguinte solução: na meditação, rompa todas as ligações, o tempo e as conexões, deixe de ser quem você é nesse plano para se tornar ninguém. Saia das identificações, do tempo linear, não esteja mais em tempo nenhum. Para mim, ele diria: acesse a grande alma da Simone, da leve Simone, da amada Simone, da saudável Simone e da rica Simone. Aqui você pode colocar o seu nome no que você queira.

Esse movimento é também chamado de salto quântico. É o momento em que nos libertamos do que nos prende, por meio da lucidez de que tudo o que nos acontece tem um sentido. E esse sentido não é nos fazer sofrer, mas nos fazer iluminar, enxergar a realidade maior e nos estimular a vibrar de maneira distinta para atrair coisas diferentes. Consciência exige rompimento. Romper exige sair da bolha. Lembre-se sempre disso!

Pense em todas as áreas em que você está paralisado. Caso esteja em um movimento de desequilíbrio, repetindo alguma dinâmica específica, saia da bolha. Isso significa ter uma postura interna de saber o seu lugar, saber vibrar na pureza do seu coração e do seu

*Eu sinto por você.*

propósito de estar a serviço do plano espiritual e nada mais. Deixe a magia da vida tomar conta da sua alma.

Você é maior do que o seu programa de hábitos e crenças. Você é maior do que os seus problemas, maior do que os seus medos. Exponha-se à vida, entregue-se, *viva*! Não existe melhor sensação do que quando nos apoiamos, mesmo errando. Você se apoia por ter ido, por ter tentado, por ter acertado ou por ter errado. Imagine uma questão difícil que você esteja vivendo agora. Imagine isso já resolvido. Sinta essa vibração e permaneça nela.

Tem uma fala de Osho que eu gosto muito.

> *Quando a sua consciência se ilumina, naturalmente você passa a enxergar toda a confusão em sua vida com outros olhos: você percebe como, na verdade, foi você mesmo quem criou a sua própria tristeza, angústia e sofrimento. E o simples ato de ver com clareza já é o bastante para que toda confusão se dissolva.*
>
> *Um homem consciente jamais cria qualquer tipo de confusão, para si ou para os outros. Ele vive muito mais intensamente do que os demais, mas a sua vida segue sem complicações, pelo simples fato que, quando você está consciente, é impossível criar confusão.*[45]

Não controlamos nada, a não ser as nossas próprias decisões, e o amanhã é incerto. Assim, precisamos escolher o dia de hoje para mudar e seguir em direção à fluidez que nos aguarda. Muitas vezes,

---

[45] OSHO. **Vivendo perigosamente**: a aventura de ser quem você é. São Paulo: Alaúde, 2015.

*Eu pertenço.*

sair da bolha é fazer algo completamente diferente daquilo que estamos acostumados. É fazer o oposto do que achamos correto em determinadas situações. Esse é o movimento que quero que você faça. Para isso, apresentarei algumas técnicas que o ajudarão a ter uma nova visão e seguir ao encontro da vida fluida.

## PARA VIVER UMA VIDA FLUIDA: TÉCNICAS

Além das tecnologias espirituais sobre as quais falamos no capítulo anterior, existem técnicas que são fundamentais para ter mais consciência. É delas que falaremos a partir de agora.

### Meditação e respiração consciente

*O seu ego força, a sua intuição espera.*

Meditar é ir para o paraíso. É estar acima da mente para alcançar um estado elevado e alterado de consciência. É uma das formas de vencermos as nossas dores. Quando meditamos, nós nos desconectamos de tudo o que está ao nosso redor e começamos a nos desidentificar do que está nos causando sofrimento, ou seja, fazemos um movimento de encontrar a realidade da nossa centelha divina, que está acima de qualquer coisa. É entrar no mundo das infinitas possibilidades.

A meditação nos leva para o centro da nossa consciência. Dominamos o que está acontecendo e, assim, podemos seguir em frente. É um momento em que não olhamos para o que é externo a nós, e sim para o que está dentro e acima do nosso coração e da nossa mente. É uma prática que gera segurança interna, que é inestimável. Ela nos faz dar um passo para trás e deixar de olhar para a vida com os olhos da dualidade. Ela nos coloca no jogo da vida de modo consciente, em sintonia com o todo.

*Você pertence.*

Caso você não tenha o costume de meditar ou nunca tenha feito isso, recomendo muito que inicie essa prática no seu dia a dia. São incontáveis benefícios que o ajudarão a criar um movimento em direção ao seu estado de vibração mais alto.

A respiração é a chave para a conexão com esse estado meditativo. Existem muitas formas de respirar para acessar a lucidez que tanto buscamos. Esse estado de *ser*, somente *ser*. Particularmente, adoro fazer uma respiração tibetana que consiste em limpar memórias dos antepassados, melhorar o sistema nervoso e limpar os pensamentos. Nessa respiração, você começa tapando a narina direita com o polegar direito, inspira com a narina esquerda imaginando um tubo de luz verde que sai da virilha até a sua narina direita. Depois, tape a narina esquerda com o dedo anelar, segure quatro tempos e solte todo o ar devagar, imaginando uma luz azul pela narina direita. Continue tapando a narina esquerda e inspire uma luz verde imaginando um tubo de luz verde, que sai da virilha até a sua narina esquerda. Então, tape novamente a narina direita com o polegar, segure quatro tempos e solte pela narina esquerda uma luz rosa. Faça essa alternância sete vezes em cada narina. Depois, respire normalmente com os olhos fechados, imaginando esses tubos de luz verde saindo da virilha até as narinas, inspirando luz verde. Segure a respiração por quatro tempos e solte o ar devagar, imaginando que do topo da sua cabeça sai uma fumaça cinza. Faça isso por mais sete respirações.

Depois disso, feche os olhos, sente-se em uma cadeira ou em posição de lótus, com a coluna ereta, as mãos em cima do joelho e imagine o nada. Permaneça assim por vinte minutos.

Por fim, sempre tenha um livro sobre espiritualidade perto de você para poder ler uma mensagem em sintonia com o seu dia.

*Eu parti, não precisa se castigar ou adoecer. Está tudo bem.*

## Ioga

Com origem há mais de cinco mil anos na Índia,[46] essa é uma prática indicada para todas as pessoas, principalmente para aquelas que têm dificuldade de entrar em sintonia com o plano espiritual. Tem como objetivo promover o equilíbrio entre o corpo, a mente e o espírito, então engloba uma série de técnicas de respiração (pranayama), concentração (dharana) e movimentos com o corpo (ásana). Os benefícios são muitos, mas vale mencionar aqui alguns, como absorção dos sentidos (pratyahara) e autorrealização (samadhi).[47]

## Pineal

A pineal, uma glândula que tem o formato parecido com o de uma pinha, está localizada na parte central do cérebro, entre as sobrancelhas.[48] É conhecida como o terceiro olho por conta da importância na regulação de alguns dos ciclos vitais do organismo, como o sono e a sexualidade, por meio da secreção de melatonina e serotonina, respectivamente.

Indo além da parte científica, a verdade é que muitos dos nossos hábitos acabam calcificando a nossa glândula pineal, fazendo que a nossa sensibilidade ao lado espiritualizado da vida seja cortada. A pineal funciona como uma antena de transmissão que nos conecta ao Universo, ao plano espiritual. Para melhorar o funcionamento dela, você pode tomar algumas providências, como procurar o auxílio de

---

[46] YOGA. **Saúde e bem-estar**. Disponível em: https://www.saudebemestar.pt/pt/saude/atividade-fisica/yoga. Acesso em: 5 mar. 2024.

[47] *Ibidem*.

[48] CHRISTIANE FUJII. **Glândula pineal: entenda a função da estrutura conhecida como terceiro olho**. Disponível em: https://christianefujii.com.br/glandula-pineal-entenda-a-funcao-da-estrutura-conhecida-como-terceiro-olho. Acesso em: 5 mar. 2024.

*Pela minha mãe, eu faço qualquer coisa.*

um médico para fazer uso contínuo de melatonina e incluir a ingestão de clorofila a partir de sucos naturais. Procurar um especialista em medicina integrativa também pode ajudar nesse processo.

## Eneagrama

Pautado no modelo de uma figura geométrica de nove lados, o eneagrama é uma ferramenta de autoconhecimento cujo objetivo é ajudar a entender a nossa personalidade e as características dela.[49] Cada lado do eneagrama representa uma personalidade, e com ele podemos entender o que nos motiva, como reagimos às situações e como podemos dar passos mais alinhados a quem verdadeiramente somos.

São três figuras que se encontram em uma só, como na imagem a seguir.

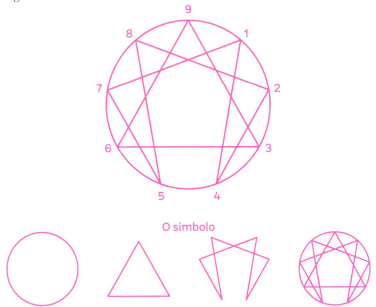

O símbolo

---

[49] BRANDÃO, Rui. Conheça o eneagrama e como ele é usado para entender a personalidade. **Zenklub**, 2023. Disponível em: https://zenklub.com.br/blog/para-voce/eneagrama. Acesso em: 4 mar. 2024.

*Pelo meu pai, eu faço qualquer coisa.*

Há um círculo, um triângulo e uma héxade, cada qual representando aspectos específicos do eneagrama. Para cada um dos números da imagem existe um tipo diferente de personalidade. São elas: (1) perfeccionista, (2) prestativo, (3) vencedor, (4) coração intenso, (5) analítico, (6) precavido, (7) sonhador, (8) poderoso e (9) mediador.

O meu objetivo não é detalhar cada uma dessas personalidades, mas apresentar a técnica do eneagrama para que você busque esse conhecimento e possa utilizá-lo a favor da sua vida. A partir do seu número e da sua personalidade, você pode entender quais são as frases de cura que deve utilizar consigo mesmo.

A seguir, veja frases especiais a partir dos eneatipos. Quero que você as repita para si mesmo após descobrir a sua personalidade.

### Tipo 1: perfeccionista

Mensagem inconsciente recebida na infância: "Não pode errar".
Mensagem de cura para você: "Você é bom. Não existem fracassos, somente erros. E os erros são uma etapa mais profunda no processo de aprendizagem!".

### Tipo 2: prestativo

Mensagem inconsciente recebida na infância: "Você não pode ter suas próprias necessidades".
Mensagem de cura para você: "Você é desejado. A opinião dos demais sobre você não precisa se tornar a sua realidade".

### Tipo 3: vencedor

Mensagem inconsciente recebida na infância: "Você tem que deixar de ser você para atingir os seus objetivos. A meta é mais importante do que os seus sentimentos".

Mensagem de cura para você: "Você é amado por ser você mesmo. Uma pessoa inteligente logo se recupera de um fracasso, enquanto uma pessoa burra nunca se recupera de um êxito".

### Tipo 4: coração intenso
Mensagem inconsciente recebida na infância: "Os outros são melhores, você não pode ser feliz".
Mensagem de cura para você: "Você é visto pelo que é! Uma pessoa inteligente logo se recupera de um fracasso, enquanto a que é burra nunca se recupera de um êxito".

### Tipo 5: analítico
Mensagem inconsciente recebida na infância: "Você não pode sentir necessidade, pois pode se ferir".
Mensagem de cura para você: "As suas necessidades não são um problema! O Universo está cheio de vivências, e não de átomos".

### Tipo 6: precavido
Mensagem inconsciente recebida na infância: "É perigoso confiar".
Mensagem de cura para você: "Você está seguro! Uma mente atormentada pela dúvida não pode se concentrar no caminho que leva ao êxito".

### Tipo 7: sonhador
Mensagem inconsciente recebida na infância: "Você não pode depender de ninguém".
Mensagem de cura para você: "Você será cuidado e atendido! Quem conhece a arte de viver consigo mesmo ignora o tédio".

*Você prefere reverenciar os anjos a reverenciar a sua mãe.*

### Tipo 8: poderoso

Mensagem inconsciente recebida na infância: "Não é bom ser vulnerável".

Mensagem de cura para você: "Você não será traído! Faz falta saber obedecer para saber mandar!".

### Tipo 9: mediador

Mensagem inconsciente recebida na infância: "Não é bom fazer valer a sua vontade".

Mensagem de cura para você: "A sua presença importa! Para crescer há de se renunciar temporariamente à segurança!".

Utilize essa técnica a seu favor e busque entender o seu eneatipo. Tenho certeza de que você terá mais clareza da sua vida e do que tem acontecido até então.

### Emoções

Só crescemos e evoluímos quando temos maturidade emocional. Para ter maturidade emocional precisamos entender que, quando nos sentimos bravos, por exemplo, precisamos fazer uma pausa até termos clareza de que podemos responder racionalmente ao que está acontecendo. Essa é apenas uma opção para tantas emoções que nos abarcam.

Para auxiliar nesse processo de cuidar das emoções, quero apresentar um quadro com algumas alternativas para que você coloque em prática e tenha mais maturidade emocional.

Quando não cuidamos das nossas emoções, abrimos espaço para que elas se transformem em traumas e possivelmente causem problemas de saúde no nosso sistema. Falamos disso anteriormente

*Meu amor pela sua mãe permanece.*

e quero apresentar a você agora algumas das relações entre os nossos sentimentos, as nossas crenças e os nossos traumas, e como isso se traduz em problemas de saúde.

**SEGUNDO A MEDICINA GERMÂNICA, UMA DOR EMOCIONAL NO CORPO PODE SIGNIFICAR PADRÕES DE PENSAMENTO MENTAL E CONEXÕES DE DOR FÍSICA, PORQUE O MOVIMENTO DO NOSSO CORPO É UM REFLEXO DO NOSSO MUNDO INTERIOR. AO COMPREENDER A INTERLIGAÇÃO ENTRE A NOSSA MENTE E O NOSSO CORPO, PODEMOS TER MELHOR CONSCIÊNCIA DAS MUDANÇAS NAS EXPERIÊNCIAS DE VIDA.**

Algumas partes sensíveis do corpo podem indicar os seguintes problemas:

- **Cabeça:** dor de cabeça, enxaqueca (pensamento excessivo, desconfiança).
- **Olhos:** queimação (medo), coceira (aterrorizado), secura (ressentimento), sensação de areia nos olhos (raiva), olhos pesados (tristeza, pesar).
- **Pescoço:** recusa-se a ver alternativas, inflexibilidade, ansiedade e estresse, falta de perdão.
- **Ombros:** falta de alegria, atitude negativa, ver a vida como um fardo.
- **Coluna:** sistema de suporte de vida. Parte superior: sentir-se não amado, falta de apoio emocional, travar-se para o amor, perfeccionismo. Meio: culpa, manter-se no passado, sentir-se sufocado, insônia, ansiedade. Mais baixo: medo de dinheiro, problemas financeiros, emoções enterradas.

*Meu amor pelo seu pai permanece.*

- **Cotovelo:** dificuldade em aceitar novas experiências, resistência à mudança, teimosia.
- **Pulso e mão:** movimento e facilidade, isolamento, comportamento antissocial, incapacidade de se conectar com outras pessoas.
- **Dedos:** Dedão: preocupação. Opositor: falta de suporte. Indicador: orgulho, culpa, temor. Dedo do meio: sexualidade, frustração, raiva. Mindinho: família, julgamento, pretensão.
- **Quadril:** medo de avançar em decisões importantes, vida estagnada, não ter motivo para avançar, tristeza e raiva, desgosto.
- **Joelho:** ficar preso ao ego, orgulho teimoso, temor, recusar-se a ceder, inflexibilidade, rigidez.
- **Panturrilha:** estresse, tensão, inveja, indignação.
- **Tornozelo:** resistência e falta de prazer, culpa, inflexibilidade, instabilidade, incerteza.
- **Calcanhar:** autojulgamento.
- **Pés e joanetes:** falta de alegria, depressão, negatividade, ser duro consigo mesmo, falta de querer novas experiências, falta de entusiasmo pelas coisas.
- **Dedos do pé.** Dedão: preocupação, inquietação. Segundo: frustração. Terceiro: raiva. Quarto: tristeza, luto. Quinto: medo.
- **Estômago/digestão:** pesar, ansiedade, raiva.
- **Pelve e sistema reprodutivo:** perda de potência, sentir-se impotente, supressão de emoções, traumas não curados.

*Meu amor por você permanece.*

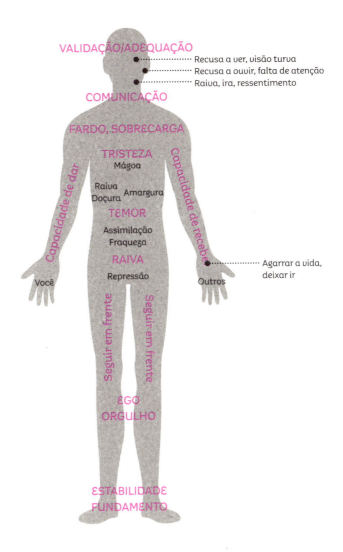

Cuidar das nossas emoções é essencial para promover um bem-estar mental e emocional duradouro. Praticar técnicas de regulação emocional, como a respiração consciente, a meditação, o exercício físico e a expressão criativa, capacita-nos a lidar de maneira saudável com o estresse, a ansiedade e outras emoções desafiadoras. Como você tem lidado com tudo isso até agora?

*Eu vejo os seus pais atrás de você.*

Em vez de suprimir ou reprimir as suas emoções, aprenda a reconhecê-las como mensageiras valiosas, que fornecem *insights* sobre as suas necessidades, seus valores e limites. Esse é o caminho para o florescimento espiritual!

## Chacras

A palavra "chakra" tem origem no sânscrito e significa roda, o que para o budismo e o hinduísmo são sinais de que os chacras são vórtices que giram como antenas, emitindo e recebendo sinais de energia vital em pontos específicos do nosso corpo.[50] Os chacras regem a nossa estabilidade física, intelectual, espiritual e emocional, ou seja, quando estão em desequilíbrio, todo o nosso corpo é afetado.

Assim, conhecer cada um dos nossos chacras nos dá a possibilidade de nos entender melhor e procurar soluções para o que nos aflige. O chacra básico está relacionado à sobrevivência, à sexualidade e à vitalidade. O chacra sacro está ligado às emoções, aos relacionamentos sexuais e afetivos. O chacra do plexo solar se relaciona à nossa personalidade, à nossa identidade e ao nosso poder. O chacra cardíaco está conectado ao amor divino e humano. O chacra laríngeo está ligado à manifestação e à expressão da verdade. O chacra frontal representa a conexão com o mundo e a intuição que temos dentro de nós. E o chacra coronário se conecta à sabedoria, à memória, aos pensamentos e à sintonia.[51]

---

[50] SALI, Felipe. O que são chakras? **Superinteressante**, 2016. Disponível em: https://super.abril.com.br/mundo-estranho/o-que-sao-chakras. Acesso em: 5 mar. 2024.

[51] ENTENDA o que são chakras e por que devem estar alinhados. **Gili Store**, 2021. Disponível em: https://www.gilistore.com.br/blog/entenda-o-que-sao-chakras-e-por-que-devem-estar-alinhados. Acesso em 4 jun. 2024. Acesso em: 4 mar. 2024.

*Eu sorrio para você, mamãe.*

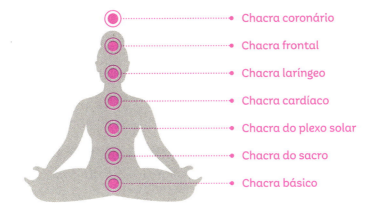

Quando a energia fica estagnada nos seus chacras, ela pode gerar uma série de problemas ou dificuldades, especialmente nos três últimos. No chacra do plexo solar, a energia estagnada pode se transformar em competição, controle, impaciência, ego e autogerenciamento. No chacra sacro, pode virar culpa, vergonha, sofrimento, indignidade, carência e vitimização. Já a energia parada no chacra básico pode se transformar em depravação sexual, vício sexual, ansiedade sexual, sofrimento ou confusão sexual e trauma por molestamento.

Para que você possa equilibrar seus chacras, separei algumas frases de cura; então, feche os olhos e as repita para si mesmo. Quero que visualize cada um dos chacras ao repetir estas frases de cura. Assim você criará a sua própria realidade e mudará a energia que está emanando, e isso é muito poderoso!

**Chacra coronário:** "Eu entendo que aprender é divino."
**Chacra frontal:** "Eu deixo ir todas as crenças limitantes."
**Chacra laríngeo:** "Eu expresso a minha verdade."
**Chacra cardíaco:** "Eu honro as experiências que me fazem crescer."
**Chacra do plexo solar:** "Eu crio a minha própria realidade."
**Chacra sacro:** "Eu sou produtivo e abundante."
**Chacra básico:** "Eu estou presente e desperto."

*Eu sorrio para você, papai.*

## Vibração

Somos todos energia e precisamos vibrar em frequências diferentes para que possamos elevar a nossa consciência. Esse é mais um dos passos do salto quântico que você precisa dar na sua vida. Assim, quero começar explicando a diferença entre os níveis de consciência.

| Dimensão, vibração e cor | Nível de consciência | Frequência energética |
|---|---|---|
| 12ª dimensão | Consciência plena | 1000 |
| | Verdade inerente | 900 |
| Iluminação | Graça divina e amor | 850 |
| | O grande vazio | 800 |
| Eu sou presença | Conhecimento | 700 |
| | Não dualidade | 670 |
| 5ª dimensão | Presença/paz | 600 |
| | Unidade/alegria | 540 |
| Nova humanidade | Amor interior | 500 |
| | Sabedoria interior | 440 |
| | Luz interior | 400 |
| 4ª dimensão | Aceitação | 350 |
| | Disposição | 310 |
| | Neutralidade | 250 |
| 3ª dimensão | Coragem | 200 |
| | Orgulho | 175 |
| | Raiva | 150 |
| | Desejo | 125 |
| | Medo | 100 |
| | Pesar | 75 |
| | Apatia | 50 |
| | Culpa | 30 |
| | Vergonha | 20 |
| | Morte | 0 |

Fonte: https://www.instagram.com/p/C2aKm91SC0y/?img_index=1

*Eu aceito a prosperidade e sorrio para ela como uma amiga.*

Olhando para esses níveis de consciência, quero que pense em quais você sente que tem vibrado. É normal não estarmos sempre no mesmo estado. É possível que, em determinados dias, estejamos em uma vibração de medo e vergonha, mas o que realmente importa é termos a noção de que precisamos elevar a nossa consciência e procurar cada vez alcançar novos níveis com frequências mais altas.

Para que você entenda com mais clareza a importância dos nossos sentimentos e como eles afetam a nossa vibração, veja a figura a seguir. É impressionante pensar que apenas uma pequena parte da população vive em sincronicidade com resultados extraordinários.

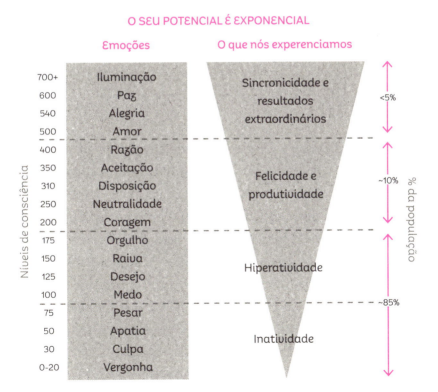

*Papai, eu fico.*

Além disso, considerando a frequência das ondas eletromagnéticas e a conexão dessa frequência com os nossos sentimentos, veja a próxima figura.

A nossa meta aqui é ter maturidade emocional, como vimos anteriormente, para que possamos sair dos sentimentos negativos e elevar a nossa vibração em frequências mais altas a partir de sentimentos positivos que farão com que a nossa consciência esteja em um estado elevado. Para que possamos elevar as nossas ondas em estado de alpha, theta ou delta e viver com plenitude.

Você pode buscar essa evolução a partir de todas as técnicas que falamos aqui, mas também quero deixar a música como uma ótima opção para elevar a sua vibração e sintonizar em frequências de ondas mais elevadas. Procure playlists específicas que ajudem nesse processo e separe um momento só seu para isso.

*Mamãe, eu fico.*

Só assim evoluiremos e conheceremos mais a nós mesmos e o que nos cerca. Tenha essa consciência e busque isso na sua vida!

---

**Exercício: meditação**

Encontre um momento tranquilo e confortável em que possa estar em conexão consigo mesmo. Feche os olhos e comece a se sintonizar com a sua respiração, permitindo que cada inspiração e expiração o leve mais profundamente para o momento presente.

Agora, traga à mente uma situação recente em que você enfrentou uma emoção desafiadora, seja de estresse, frustração, tristeza ou de outro tipo. Permita-se reviver essa experiência por um momento, observando as sensações físicas, os pensamentos e as emoções que surgem. Depois, com compaixão e gentileza consigo mesmo, reconheça e valide a sua emoção, entendendo que isso é parte natural da experiência humana.

Respire fundo. À medida que expira, imagine-se liberando qualquer tensão ou resistência associada a essas emoções. Visualize-se envolvido por uma luz suave e calorosa, que simboliza a sua capacidade inata de transformar e transcender as dificuldades. Sinta uma sensação de calma e aceitação se espalhar por todo o seu ser.

A partir dessa serenidade, repita para si mesmo algumas afirmações positivas e capacitadoras, como: "Eu honro as minhas emoções e escolho responder a elas com amor e compaixão". Você também pode falar: "Sou forte e resiliente, capaz de enfrentar qualquer desafio que a vida me apresentar".

*Eu vejo você grande, e isso me torna mais forte.*

Permaneça nesse estado pelo tempo que desejar, permitindo que essa experiência de autoconhecimento o guie na sua jornada rumo à vida fluida e consciente. Abra os olhos e retorne ao mundo ao seu redor, tendo consigo essa sensação de paz e confiança, lembrando-se de que você tem dentro de si o poder de moldar a sua própria realidade para viver a vida fluida que merece.

Cada passo dado em direção à consciência e ao cuidado conduz você para que esteja mais próximo da realização e da plenitude. Espero que tenha sido inspirador!

E AQUELES QUE APRENDEM A NAVEGAR COM LEVEZA E ACEITAÇÃO NAS ÁGUAS TURBULENTAS DA VIDA DESCOBREM A VERDADEIRA ESSÊNCIA DA FELICIDADE.

# 11.
## VOCÊ É A FONTE!

*Não tenho nenhuma esperança. Não tenho medo de nada. Sou livre.*
— Nikos Kazantzakis[52]

Estamos chegando ao fim da nossa jornada. Nela, quis mostrar que existe uma grande diferença entre viver pelo ego e pela consciência. Entre viver em um círculo vicioso que leva ao estado egóico e viver pelo desenvolvimento e intuição. Quis mostrar como é possível evoluir, livrar-nos da dualidade e viver com os olhos abertos, tendo, consequentemente, mais felicidade e plenitude. Essa diferença entre o estado egóico e a espiral da evolução é importantíssima para coroarmos o fim da nossa caminhada. Então, como saber se você está vivendo com base no seu ego ou na sua intuição?

No tempo linear, o seu ego quer permanecer no looping, repetindo esse mesmo ciclo egóico indefinidamente. Isso é o que parece confortável e seguro para a mente egóica, uma vez que é tudo o que ela conhece.

Na espiral, a sua intuição chama para as mudanças graduais na sua vida que levam à evolução, ao desenvolvimento e à transcendência contínuos. A consciência pura pode ver além dos ciclos repetitivos da mente e incentivar você a ir além do que acha que sabe.

Quero que você saia do looping e encontre a sua espiral da evolução. Quero que abandone o seu ego e siga em direção à iluminação. Quero que viva com prazer e êxtase, alcançando o seu nível

---

[52] NIKOS Kazantzakis. **Uol Educação**, 08 ago. 2005. Disponível em: https://educacao.uol.com.br/biografias/nikos-kazantzakis.htm. Acesso em 29 jul. 2024.

*Você é a minha mãe. Com a outra, eu não tenho nada a ver.*

mais alto de consciência para viver sabendo que, quando algo não está no fluxo divino que inclui tudo e todos, o mecanismo da inteligência divina atua de maneira dramática, levando você ao sofrimento de modo tão forte que você vai ser obrigado a mudar de rota. E essa rota é pertencer ao todo e deixar os outros pertencerem, é brilhar e deixar os outros brilharem, é atuar em rede de apoio, com o coração puro de intenção. A intenção mais pura que podemos ter é estar a serviço do todo.

A graça da vida só se torna possível quando atingimos a maturidade emocional, e essa maturidade só pode acontecer quando você acolhe, abraça a sua sombra, os seus medos, aprende a aprender com tudo o que acontece sem mais se identificar com o drama. Você aprende a contemplar o sofrimento e a moderar as suas emoções, respeitando os outros e a si mesmo.

Neste plano físico, neste tempo linear e cronológico, identificamo-nos somente com os prazeres daqui. Os prazeres físicos, as conquistas físicas, tudo o que acontece aqui nos deixa mais ansiosos porque, assim que conquistamos algo, logo já queremos, devemos ou precisamos conquistar outra coisa. O êxtase não chega nunca. E esse verdadeiro estado de êxtase ocorre quando permitimos que a intervenção do divino atue no mundo cotidiano.

O mundo que realmente faz sentido é o mundo espiritual. Quando deixamos os dois mundos se encontrarem por meio da contemplação, da redenção e da graça, então sabemos diferenciar o prazer do êxtase. Ele tem a ver com nos sentirmos *unidos* ao plano divino. Para isso, precisamos transformar as nossas emoções negativas em arte, criatividade e serviço. Não devemos desonrar as nossas emoções, reprimindo-as. Devemos sentir as emoções do ego e do tempo linear e as deixar passar. Toda verdadeira alquimia que acontece dentro de nós significa transmutar o sofrimento pelo alinhamento com a vontade divina. Transformar em amor, sabedoria e compaixão.

Aqueles que entraram bem fundo no caminho da percepção podem encontrar a graça que vem do feminino e coloca fim ao sofrimento humano. Aprendemos a entregar o que temos de melhor e receber. Assim o verdadeiro prazer aflorará.

Estamos prontos para sair do prazer e ir para o êxtase de sermos realmente quem somos. Ao encontrarmos a nossa identidade real e conseguirmos ficar no êxtase de *ser* quem somos, trabalharemos alinhados com o que faz sentido para que possamos tomar decisões com base no êxtase existencial, e não somente na sobrevivência do prazer deste plano. Percebe a diferença?

O êxtase acontece quando as polaridades se fundem no amor, quando as religiões se fundem no amor, quando Oriente e Ocidente se fundem no amor. E é aqui que você consegue descansar na sua essência.

Quando você ainda sente prazer de fora para dentro, está impedindo que o êxtase se mostre de fora para dentro. Muitas pessoas deixam de olhar para dentro porque têm medo de encontrar o *nada*. Mas o *nada* é cheio de luz e é amoroso.

Jill Purce, professora britânica, trabalha com *healing voice*, é terapeuta de constelações familiares e autora, fala de convivermos com a nossa sombra e com os nossos medos para elevarmos a nossa consciência.

> *Sente-se com a sua sombra, com o seu medo.*
> *Sente-se com Deus, com o nada e você encontrará o êxtase.*

*O que houve entre vocês não me pertence.*

> *Viemos aqui para trabalhar o que somos e o que queremos.*
>
> *Contemplação é o caminho mais antigo de consciência e evolução, está entre meditar e colocar foco. Você pode fazer isso a todo momento, só ser testemunha da vida.*[53]

Ela também enfatiza o poder de cantar e como a sociedade não incentiva a arte e o canto. A cura está na conexão com a autoexpressão por meio da arte, seja cantando, dançando ou pintando. Ela também faz algumas reflexões sobre a experiência com o *healing voice*, técnica de cura a partir do canto.

> *Precisamos tornar audível a nossa própria geometria sagrada e ressonante. O som de algo é a chave para a sua própria dissolução. Nas culturas tradicionais, as pessoas cantam juntas para criar comunidade. Sabe por quê? Cantar em conjunto dissolve fronteiras. Então o som dissolve faixas entre o espírito e a matéria, dissolve as fronteiras entre nós e a natureza, e nos permite superar a separação. E essa superação é a chave de toda tradição espiritual.*
>
> *Cantar é traduzir a respiração em som e cantar mantras é evocar esses sons e manter a frequência dos deuses, entrando no fluxo daqueles que são iluminados.*[54]

---

[53] JILL PURCE: The Healing Voice, Healing Family & Ancestors. 2019. Vídeo (1h42min57s). Publicado pelo canal Advaya. Disponível em: https://www.youtube.com/watch?v=AzdyK-2BKNI. Acesso em: 16 jun. 2024.

[54] Idem.

*Agora eu vejo os irmãos que eu não via.*

Por influências externas, estamos completamente fragmentados, separados da nossa verdadeira essência e de tudo o que nos faz crescer. Somos incentivados a ver o nosso corpo como partes separadas que não funcionam em unidade. Entretanto, essa separação precisa cessar, pois ela gera apenas dualidade e identificação com o nosso ego. Precisamos unir o que está separado, unir o nosso corpo físico, espiritual, emocional e mental. Precisamos voltar a nos transformar em uma só consciência.

Quero que, a partir de agora, não faça mais nada pelo ego. Quero que você faça pelo seu eu real e pela sua consciência. Você não precisa de nada nem de ninguém para evoluir, porque você é a fonte. É a fonte de toda energia positiva, de toda evolução, de toda consciência que pode ter. Você é a própria fonte de evolução. É você quem tem o poder dentro de si mesmo para fazer diferente. É isso que quero que carregue daqui para a frente.

Viver esta jornada ao seu lado foi maravilhoso para mim. Foram muitos anos entre a ideia deste livro e a concepção dele, mas não me arrependo, pois cada palavra que coloquei aqui tem um significado verdadeiro e profundo na minha alma.

Aprendi que muitas vezes precisamos esperar. Esperar o tempo certo para fazer algo acontecer. Assim foi com este livro: precisei de tempo para contemplar a minha existência, mudar a rota e encontrar o caminho certo para lhe apresentar essas ideias. E estou muito orgulhosa do resultado!

Espero que tenha aproveitado cada página tanto quanto eu aproveitei e que tenha tirado o máximo de tudo o que viu aqui. Obrigada por estar comigo. Caso sinta no seu coração que quer continuar trocando e aprendendo mais sobre consciência, procure-me em @simonearrojooficial. Será um prazer.

> *Meu querido irmão, não podemos tomar partido de nenhum dos nossos pais.*

Então chegou a hora em que você precisará dar os próximos passos sozinho. Acompanhado de si mesmo, você está pronto para participar de uma comunidade de apoio composta por pessoas que buscam ser verdadeiramente conscientes e altruístas. Um espaço onde a generosidade e a confiança são fundamentais para a boa convivência. A Era de Aquário está trazendo essa nova forma de viver. Chegou a hora de buscar uma nova etapa na sua vida. Buscar a criatividade para entrar em um estado de ressonância com a sua essência. Buscar o seu eu real e alinhado com o plano divino. Chegou o momento de se reconectar com a sua essência mais profunda, de unir todas as partes fragmentadas que compõem quem você é.

Deixe para trás a dualidade e a identificação com o seu ego e abrace a integração do seu ser. Você é a fonte de toda energia positiva e evolução, e tem o poder dentro de si mesmo para seguir em frente. Que esta nova etapa seja repleta de criatividade, aprendizados e expansão da consciência. Que cada desafio seja uma oportunidade de evolução e, cada vitória, um motivo para celebrar.

**SAIBA QUE O UNIVERSO CELEBRA A SUA EXISTÊNCIA, E O SEU PROPÓSITO ECOA PELA ETERNIDADE. É HORA DE AVANÇAR! NÃO VÁ SOMENTE NO *FLOW*, *SEJA O FLOW*! VOCÊ É LUZ, AMOR E SABEDORIA.**